TRANSFORMA LA INCERTIDUMBRE EN OPORTUNIDADES

TRANSFORMA LA INCERTIDUMBRE EN OPORTUNIDADES

Haz cambios en tu vida y adáptate a las adversidades

JORGE PAZ

Primera Edición enero 2021
ISBN: 9798590637676
Copyright © 2021 Jorge Paz
www.JorgePazCoach.com
consultas@JorgePazCoach.com
Reservados todos los derechos.
Prohibida la reproducción total o parcial de esta obra sin la debida autorización del autor.

Las instrucciones y consejos en este libro no pretenden ser un sustituto para el asesoramiento. Solo pretende compartir información de naturaleza general para ayudar en la búsqueda del bienestar personal. El contenido de cada capítulo es la sola expresión y opinión del autor. No hay ninguna garantía expresa o implícita por el autor en ninguno de los contenidos en este documento. El autor no será responsable de los daños y perjuicios físicos, psicológicos, emocionales, financieros o comerciales, incluyendo, sin exclusión de otros, el especial, el incidental, el consecuente u otros daños.

A mis padres, Beatriz y Antonio, quienes han sido un ejemplo de cómo enfrentar la adversidad en mi vida.

A mi hermano Rafael, quien ha estado conmigo en todo momento.

Contenido

INTRODUCCIÓN 13

CAPÍTULO 1 15

¿Qué es una crisis? 15

Cuando estás en una crisis, te congelas 16

¿Es un problema que cambie tu estado de ánimo? 18

Preferimos buscar culpables en lugar de solucionar un problema 19

CAPÍTULO 2 21

Afrontemos los problemas con nuestra mejor versión 21

Cuida lo que piensas 24

CAPÍTULO 3 31

Enfoquémonos en nuestras fortalezas y no en las debilidades 31

La actitud hace la diferencia ante la adversidad 34

Aprovecha tus experiencias 36

CAPÍTULO 4 39

Sé diferente a los demás 39

No te distraigas 40

Trabaja en tu autodisciplina 41

Considera cada idea 42

Ve el panorama general 43

CAPÍTULO 5 45
Establece tu realidad 45

CAPÍTULO 6 51
Observa qué es lo que pasa a tu alrededor 51

CAPÍTULO 7 55
Administra tus prioridades 55

Método 80/20 57

Matriz Eisenhower 59

Podemos mejorar continuamente en administrar nuestras prioridades 63

CAPÍTULO 8 65
Atrévete a resolver las situaciones de diferente manera 65

Toma decisiones con base en la evidencia y no con supuestos 66

Modelo SCORE 67

Método SMART 71

CAPÍTULO 9 75
Adaptarnos para sobrevivir 75

Practica tus ideas ahora 75

No esperes a entregar el producto o servicio final 76

Prioriza las actividades que realizarás 76

Obtener retroalimentación hará la diferencia 77

Haz que tu equipo participe en reuniones cortas 77

CAPÍTULO 10 79

Utiliza la mejora continua para probar tus ideas 79

¿Cuantas iteraciones serán necesarias? 82

CAPÍTULO 11 85

Veamos un ejemplo de cómo poner a prueba nuestra idea 85

Conclusiones de las iteraciones 91

CAPÍTULO 12 93

Enfrentar un reto te hace mejorar como líder 93

Mejora tu liderazgo 93

Tu carácter se mostrará 95

Las relaciones marcan la diferencia 97

Sirve a los demás 97

¿QUÉ SIGUE AHORA? 101

BIBLIOGRAFÍA 103

TUS COMENTARIOS SON IMPORTANTES 107

REGALO PARA LOS LECTORES 107

SÍGUENOS 109

ACERCA DEL AUTOR 111

OTROS LIBROS DEL AUTOR 113

Introducción

Cuando era pequeño, veía cómo los adultos resolvían sus asuntos, algunos los solucionaban de una manera sencilla y otros armaban un drama cuando enfrentaban una dificultad. En algún momento, me causaba gracia la forma en que ellos se comportaban; en sí, yo era un espectador. Tenía varias interrogantes del porqué resolvían sus problemas de diferentes maneras, y más importante aún, me hacía la siguiente pregunta: ¿Cómo enfrentaría mis dificultades? Cuando llegué a mi adultez y comencé a enfrentar los obstáculos que se presentaban, pensaba que era otro adulto más que iba a vivir una tragedia, me imaginaba a mi yo de pequeño reírse de mí por la forma en que manejaba estas circunstancias. Con el pasar de los años, me daba cuenta que la causa del drama no era exclusiva de la dificultad que uno experimentaba, tenía que ver en cómo reaccionábamos ante estas eventualidades.

Al iniciar mi carrera profesional tenía muchas expectativas de cómo iba a manejar los retos, no tenía mayores contratiempos. Sin embargo, todo cambió al momento de tener que encabezar un proyecto, y parte del paquete era dirigir un equipo. No olvido esa primera experiencia ya que manejaba muy mal las dificultades, estaba estresado, trabajaba más de doce horas al día, varios integrantes del equipo renunciaban, los resultados no se concretaban y, entre otras cosas, mi vida personal estaba siendo afectada. Logré salir de estos aprietos y, al hacerlo, comencé a trabajar los aspectos en los cuales fallé, comencé a prepararme para los siguientes retos que iba a afrontar y en cada circunstancia, poco a poco, fui mejorando. Los retos eran mayores con el paso del tiempo, pero esto no significaba que mi angustia era proporcional a la magnitud del problema, la diferencia era cómo me resolvía ante estas situaciones. Cuando comprendí que prepararme me ayudaría a afrontar los momentos difíciles, mi perspectiva de cómo veía una crisis comenzó a cambiar.

Quiero compartirte los puntos que pueden ayudar a solventar una dificultad. Lo primero es trabajar la forma de pensar cuando estamos en estas situaciones, en lugar de buscar culpables nos hacemos responsables de lo que nos pasa, comenzamos a prepararnos mentalmente, en especial si nos mueve de nuestra zona de comodidad. Hay dificultades que duran días y otras que se mantienen por meses o años, por lo que estar bien físicamente es esencial si queremos hacer frente a un problema de larga duración. Esto no es suficiente para superar una etapa difícil, debemos, además, aprovechar los recursos que tenemos y sostener una actitud de aprendizaje y mejora continua.

La solución para salir de una dificultad dependerá de cómo la enfrentamos, por lo que depende de cada uno qué acciones realizar para resolverla. Las sugerencias que comparto en cada capítulo te pueden ayudar a mejorar la probabilidad de superar adversidades y verlas como una oportunidad de crecimiento.

Quisiera preguntarte lo siguiente: ¿Te congelas cuando tienes un obstáculo? ¿Te estresa pensar cómo lo solucionarás?

Si deseas salir del drama que ocasiona una crisis, el siguiente capítulo es un buen comienzo.

Capítulo 1
¿Qué es una crisis?

La crisis se produce cuando lo viejo no acaba de morir y cuando lo nuevo no acaba de nacer.
Bertolt Brecht.

Esta palabra se ha vuelto muy popular en estos días, a nivel mundial estamos sufriendo la pandemia del Covid-19, un evento que a finales de 2019 no habríamos imaginado que impactaría de manera inmediata. Muchos dicen que es la primera crisis de este siglo, lo comparan con los efectos de una guerra mundial; otros han hecho una analogía con la peste negra, la cual afectó Europa hace varios siglos; sin embargo, muchos de nosotros hemos pasado por esta experiencia y quizás no nos habíamos dado cuenta. Según Wikipedia, *"Crisis es una coyuntura de cambios en cualquier aspecto de una realidad organizada pero inestable, sujeta a evolución; especialmente, la crisis de una estructura. Los cambios críticos, aunque previsibles, tienen siempre algún grado de incertidumbre en cuanto a su reversibilidad o grado de profundidad...".* Para muchos, estas circunstancias ya nos han golpeado de forma política, social o como pérdida de un empleo, incapacidad de pagar cuentas, el padecer una enfermedad grave, vivir con inestabilidad emocional, etc. La diferencia es que antes afectaba a una o varias personas en particular, ahora está afectando a todo un planeta. Depende de cada persona el saber manejar este tipo de situaciones. Para muchas personas es un tema más, no lo ven como una dificultad, y cuando ocurre este tipo de eventos, lo solucionan y siguen con sus vidas. Mientras, otros no saben qué hacer, se angustian porque las soluciones que están acostumbrados a usar no funcionan, se deprimen y comienzan a sentir estrés, ansiedad. En este punto quisiera preguntarte: ¿Qué es lo que piensas sobre la crisis? ¿Es un problema que te arruinará? ¿O es una oportunidad para cambiar tu vida?

Cuando estás en una crisis, te congelas

Hace años me preguntaron cuál era uno de mis miedos. En ese tiempo pensaba que era quedarme sin trabajo y no poder conseguir otro, me imaginaba que no sabría cómo reaccionar a esta situación. Veía con asombro cómo las personas que conocía migraban a otro país porque no conseguían empleo, algunos de ellos habían tenido muchos beneficios en sus trabajos anteriores (grandes oficinas, autos nuevos, horarios flexibles, etc.) y ahora estaban ejerciendo en áreas que no tenían relación con su experiencia y conocimiento. La mayoría de ellos estaban iniciando otra vez, sus títulos y experiencia no les estaban ayudando.

En la circunstancia en la que estamos viviendo, donde la pandemia (COVID 19) ha afectado a todo el planeta, muchas personas vieron que sus pesadillas cobraron vida, negocios que no pudieron abrir y quebraron, planes de expansión que quedaron en un deseo que no se realizó. En sí, todos fuimos afectados, sin embargo, muchos salieron adelante -cambiando su área de negocios- y otros se quedaron congelados. ¿Por qué será?

Puede ser que se relacione con la manera de cómo reaccionamos a este tipo de situaciones. Hay una frase sobre esto que se le atribuye a Charles Swindoll: *"La vida es 10 por ciento lo que me pasa y 90 por ciento cómo reacciono a ello"*. Cada uno de nosotros vemos las cosas de diferente manera y eso hace que reaccionemos de acuerdo a esa perspectiva. Cuando nos enfrentamos a situaciones que no sabemos cómo afrontar, nos imaginamos que es una gran barrera que tenemos que saltar y no somos capaces, por lo que preferimos abandonarla. En nuestra mente, enumeramos las razones para no comenzar y pensamos que es mejor quedarnos en casa a lamentarnos y decirnos cosas como:

- Equivocarme no es una opción, el camino que tome debe funcionar, el dilema es que no tengo ninguna idea en este momento.
- A mis amigos/conocidos les ha ido muy bien, no sé cómo hacerlo igual o mejor.
- Mi condición actual no me permite avanzar. No tengo los recursos para iniciar en otro negocio.
- No consigo trabajo por mi edad o por mi profesión.
- No sé cómo hacerlo, debe ser muy difícil.
- No tengo dinero para mantener lo que tengo, lo perderé todo.
- La gente se dará cuenta que he fallado, no sé qué decirles.

¿Te sientes identificado? En algún momento lo has pensado; el asunto es que le dedicas mucho tiempo o te quedas en esta etapa. Algunas personas siguen hablando del pasado como si fuera su presente, esto es una forma de protegerse del dolor que imaginan que tendrán si no solucionan el problema. Imaginemos cuando damos a un niño de 5 años una comida que no ha probado antes, llora y patalea porque piensa que es horrible, algo parecido nos pasa, nos resistimos a las nuevas experiencias. ¿Cómo ves a las personas que al tener un inconveniente salen adelante? ¿Tratas de aprender de ellos o te dices que son casos particulares?

Si justificas sus resultados diciendo que recibieron ayuda, tienen suerte, atraen al dinero, etc., es probable que no aprendas de ellos. ¿Prefieres quedarte en tu zona de comodidad lamentándote de tu situación (que no requiere mucho esfuerzo) o analizas qué fue lo que hizo, cuáles son sus hábitos, en qué creen, cómo actúan...?

¿Es un problema que cambie tu estado de ánimo?

Como cualquier ser humano, experimentas una serie de emociones, sientes alegría, tristeza, ira, miedo, sorpresa, etc., es natural tener emociones al tener una crisis, es la forma en que tu cuerpo reacciona a estas situaciones. Todos hemos experimentado estas emociones a lo largo de nuestra vida, pero se puede volver una complicación si se convierten en un estado de ánimo que perdura por mucho tiempo. Hay una diferencia entre "emociones" y "estado de ánimo". Wikipedia lo define así:

• Las **emociones** son reacciones psicofisiológicas que representan modos de adaptación a ciertos estímulos del individuo cuando percibe un objeto, persona, lugar, suceso o recuerdo importante.

• El **estado de ánimo** es una actitud o disposición en la vida emocional. No es una situación emocional transitoria. Es un estado, una forma de permanecer, de estar, cuya duración es prolongada y destiñe sobre el resto del mundo psíquico.

Cuando tienes una etapa difícil, el estado de ánimo que tengas te afectará de varias maneras, tu energía cambia, te sientas cansado, quieres estar durmiendo, te sientes estresado, etc. El estado de ánimo interviene en cómo ves las cosas, tu actitud cambia la forma en que actúas. Puede que realices actividades que no son frecuentes en ti y no necesariamente son positivas.

En diversas ocasiones podrás haber visitado a un profesional para ayudarte a resolver esta molestia, la cual asocias a un dolor físico, sin embargo, pocas veces nos detenemos a pensar que puede ser el resultado de cómo cuidas tu cuerpo, qué es lo que comes, escuchas, ves, piensas, etc. Mantener bien el cuerpo (cómo piensas, cuáles son tus creencias y cómo ves al mundo) es clave para resolver las dificultades que afrontes. Es normal tener algún sentimiento cuando atravesamos una circunstancia difícil, lo importante es que salgamos de ese estado para avanzar.

Preferimos buscar culpables en lugar de solucionar un problema

Perder un empleo, pensar en un nuevo negocio, afrontar una perdida, etc., son situaciones que incomodan a la mayoría. Se prioriza pensar en muchas razones de por qué salió mal, buscar culpable de nuestra desdicha. Es frecuente escuchar frases como:

- La culpa es del gobierno, nos limita a seguir adelante.
- En la empresa que laboraba, no tomaban las mejores decisiones, es por eso que les va mal y me han despedido.
- Como no tengo estudios, no pude hacer más cosas en mi vida, no es mi culpa.
- No tengo suerte con el dinero, los demás sí la tienen.

Si vemos estas oraciones podremos notar que responsabilizamos a los demás antes que nosotros. Podemos pensar que el orgullo tiene que ver cuando decimos este tipo de frases. No nos gusta admitir que nos equivocamos, sin embargo, es probable que estas expresiones quieran decir que no sabemos cómo actuar y estamos aterrados. Si has tenido estos pensamientos en varias ocasiones (puede que estos ya sean parte de tu vida), la pregunta que te haría sería: ¿Tienes pensamientos de cómo vas a solucionar el problema? Si no son tan frecuentes como las frases que se han mencionado anteriormente, lo que predominará la mayor parte de tu tiempo son esos pensamientos que te impiden salir adelante, y será más difícil superar la situación en la que te encuentres. Es como si quisieras ir a correr por las mañanas, dar el primer paso depende de que le indiques a tu cuerpo que se mueva para poder hacerlo, si te dices constantemente los inconvenientes que tienes al dar ese paso, lo más seguro es que no lo hagas. El culpar a los demás y pensar que no puedes hacerlo no ayuda a tu estado actual, si así fuera, estos se resolverían lamentándonos todo el día y sabemos que no es así. John Maxwell en el libro "A veces se gana y a veces se aprende" comenta que *"Por más que escapar de la realidad pueda darnos un alivio temporal de nuestros problemas, la verdad es que es más fácil ir del fracaso al éxito que de las excusas al éxito"*. Dar espacio a pensamientos de cómo resolver nuestros problemas, mejorará la probabilidad de salir de la condición en la cual nos encontramos.

Cuando tienes una dificultad, ¿la manejas como siempre o buscas nuevas formas para solucionarla?

En este capítulo hemos hablado lo que es una crisis y cómo nos afecta, ahora empezaremos a conocer algunas estrategias que nos ayudará a cambiar nuestra manera de pensar.

¿Te animas a seguir leyendo?

Capítulo 2
Afrontemos los problemas con nuestra mejor versión

Este no es el momento para la facilidad y la comodidad. Es hora de desafiar y aguantar.
Winston Churchill

Hace años participé en una carrera de 12 kilómetros con unos amigos, me había preparado apenas dos semanas antes. Cuando inició la carrera, vi que unas personas habían abandonado antes de llegar al primer kilómetro, otros abandonaron a la mitad de la carrera, mis amigos (que llevaban entrenando hace meses) ya me habían dejado atrás, me había quedado rezagado, apenas pude finalizar la carrera, terminé por orgullo y fui de los últimos en llegar. Mis amigos estaban muy contentos, habían mejorado sus marcas personales mientras que yo apenas había llegado a la meta. Se veía el resultado de sus entrenamientos de meses, ellos estaban utilizando mejor sus recursos y yo no lo había hecho. Esta situación me resulta similar a cuando afrontamos una dificultad, queremos arreglar todo lo más pronto posible sin tomar en cuenta si estamos preparados. No pensamos si estamos bien a nivel físico, espiritual y mental.

En la crisis de la pandemia he visto a personas caer emocionalmente, aunque sus negocios no hayan sido afectados. Toman decisiones con base en el miedo, en sus inseguridades, y éstas afectan a sus negocios. Las personas se olvidan de afrontar este tipo de problemas con la mejor versión que tienen, hacen todo lo contrario. Para algunos, el miedo y la presión los hace salir adelante, pero no todas las personas reaccionan de la misma manera. Todos somos diferentes.

Cuida tu cuerpo

Tu cuerpo refleja lo que te pasa, si estás deprimido, alegre, presionado, etc.; tu cuerpo muestra al mundo cómo te sientes. Es el resultado de cómo ves las cosas y cómo interactúas con el ambiente que te rodea. Si piensas que tu vida es pasarla bien todo el tiempo y no te cuidas, puede que en cierto momento te pase factura a través de las enfermedades.

Recuerdo, hace algunos años, estaba resolviendo varios temas al mismo tiempo, por lo que me sentía estresado. Fui a una reunión al colegio de mi hija, estaba en una sala con mi esposa y con los demás padres. Mientras escuchaba la plática de los profesores, comenzaba a pensar qué pasaría si hacía unos cambios en mis actividades diarias, esto conllevaba que debía dedicarle un par de horas al mes. En ese momento empecé a sentirme mal, comencé a sudar y mi corazón latía más rápido, mi reacción inicial fue entrar en pánico, sentía que me iba a desmayar. Pensaba en varias opciones al mismo tiempo, si me levantaba a pedir ayuda, pensaba en mi esposa e hija, me preguntaba si podía mantenerme hasta terminar la reunión o buscaría la manera de salir tranquilamente de esa sala. Pese a todo, lo que me sorprendió fue que, al momento de decirme que estaba perdiendo el control por una simple idea y que podía resolverlo, mi cuerpo comenzó a normalizarse, dejé de sudar y pude salir de esta dificultad. Desde luego, fui al doctor, quien me recomendó -luego de hacerme varios exámenes- que hiciera ejercicio, ya que estaba estresado.

Cuando tienes dificultades, es probable que lo último que pienses es hacer ejercicios. Consideras que estas actividades son distractores para solucionar tu dilema, si bien, es todo lo contrario. Cuando no realizas ejercicios, comienzas a agotar los recursos que tienes en ese momento, tu paciencia se agota, te sientes estresado, tienes ansiedad, olvidas las cosas, te cansas, etc.

Realizar ejercicios no solo es para mejorar tu cuerpo, te da más recursos para resolver un problema, ayuda a pensar las cosas con otra perspectiva, aumenta la memoria, da más energía. Puedes realizar ejercicios en tu casa, en un gimnasio, en el parque, es una buena idea buscar videos para realizarlos correctamente. Cuando afrontas una situación difícil, tu condición física jugará un rol muy importante para solucionarlo. Si no estás acostumbrado a realizar ejercicios, consulta a tu médico.

Responsabilízate de tu destino

Si esperas que alguien o algo solucione tu problema, es posible que tengas que esperar. Será mejor que analices cuál es tu posición en esta circunstancia. No hacer algo porque esperas que todo vuelva a la normalidad (zona de comodidad) no es la mejor opción, es preferible ver qué hacer para que tu condición mejore.

Cuando te responsabilizas de tu destino, surgen nuevas puertas que representan oportunidades, lo cual no implica que el éxito sea una garantía, pero es una mejor opción que esperar a ver si alguien te resuelve tu vida. Durante la pandemia de Covid-19, cerraron el país en el que resido y establecieron límites para estar fuera de casa, muchos negocios cerraron y se perdieron miles de empleos. Lo que llamó la atención de muchos fue que un grupo se dedicó a manifestarse debido al cierre de locales, salieron con vehículos lujosos desde las zonas más opulentas de la ciudad. Mientras, muchos que perdieron sus empleos comenzaron a crear negocios informales como venta de comida, artículos de consumo diario, servicios de mensajería, etc. Estos últimos, no tenían tiempo para quejarse, estaban ocupados en llevar comida a su mesa; estaban siendo responsables de su destino, mientras que las personas que manifestaban estaban responsabilizando al gobierno de esta circunstancia que no se había originado en el país y deseaban que su estatus se mantuviera (a costa de las demás personas). Si tus pensamientos son de echarle la culpa a los demás, quizás sea un buen comienzo trabajar en ellos, no es fácil cambiar estos pensamientos de la noche a la mañana. Si estás en una situación que demanda una solución a corto plazo, debes analizar cuál es tu posición; si esperas que todo vuelva a la normalidad, quizás nada cambie, así que es mejor que empieces a ver qué hacer para que tu estado mejore.

Cuida lo que piensas

Tus pensamientos dirigen tus acciones. Si te sientes mal y piensas que no hay solución, es posible que en tu interior pienses que así debe ser. Esto ocurre porque así has pensado toda tu vida, puede que hayas tomado este ejemplo de personas que están en tu círculo más cercano, sea la cultura de la sociedad u otros factores. Existen personas u organizaciones que te ayudan a seguir adelante, a mejorar en lo que haces; existen otras que te limitan y esto puede afectar la manera en como ves las dificultades que se presentan.

Hay personas que se levantan y si ven que el día está nublado, entristecen y piensan que no es un buen día, yo era uno de ellos. Cuando era adolescente, parte de mis pensamientos al momento de levantarme era imaginarme si iba a ser un buen día o no, le daba mucha importancia si algo malo me pasaba en la mañana porque eso determinaría cómo sería mi jornada. Al pasar los años mi perspectiva cambió, ahora tengo muchas situaciones que podrían ser buenas o malas y lo veo como parte de mi día. Siempre que recuerdo cómo me sugestionaba años atrás, me río de esas anécdotas.

La manera en cómo piensas determina cómo reaccionas, es común que las personas tomen sus decisiones con base en sus creencias y no necesariamente escogen la mejor opción. ¿Cuántas veces has conocido a personas tomar decisiones equivocadas porque tomaron como base su orgullo, sus emociones o su temperamento en lugar de un análisis objetivo? Me imagino que varias, yo he sido uno de ellos y he tenido consecuencias por esas decisiones. Un primer paso para seguir adelante es reconocerlo, analizar por qué ocurre, cómo mejorar y ver hacia adelante. En mi libro *Forjando Nuestro Destino* (2020, p. 13) explico cómo podemos ser conscientes de nuestras creencias, cómo influyen las personas que nos rodean en nuestros pensamientos, ya que la solución que demos a nuestros problemas dependerá de la perspectiva con la que veamos la vida.

Cuando tienes una dificultad, puedes tener algunos pensamientos como estos:
- Es una vergüenza, qué dirá la gente.
- No va a funcionar.
- No soy capaz de resolverlos.
- No tengo suerte, mi vida es un fracaso.
- La culpa es de los demás, ellos son los causantes de mi estado actual.
- La solución que me comentas no es para mí porque mi condición es otra.
- Soy el culpable de esta desdicha, no merezco que estén conmigo.

Estos pensamientos son muy frecuentes, el inconveniente de ello es que, para algunas personas, forman parte de sus creencias. Si vives con este tipo de pensamientos, estás definiendo en tu subconsciente cómo reaccionarás cuando tengas una dificultad y el pensar cómo solucionarlo no será la primera opción que pase por tu mente.

Ahora... ¿qué pasaría si fuera parte de tus creencias tener pensamientos que te responsabilicen de tus problemas? Por ejemplo:

- Cuando surgen las crisis, siempre hay oportunidades.
- Siempre vamos para adelante, no retrocedemos ni para tomar impulso.
- No importa si el día está lloviendo, hoy es un buen día para alcanzar mis objetivos.
- Doy gracias a Dios de las cosas que me pasan. Me hace crecer cada día.
- ¿Cómo voy a resolverlo? ¿Qué debo tomar en cuenta?
- Debo considerar los aspectos negativos y positivos para tomar una decisión sobre cómo resolver este asunto.
- Analizaré los comentarios de los demás, puede que me ayuden a mejorar.
- En caso que no funcione, intentaré de otra manera.
- Debo estar listo para cualquier adversidad.

Estos pensamientos te llevan a trabajar en una solución. No estás dedicando mucho tiempo a lamentarte, sino que piensas cómo resuelves.

Es válido pensar que aunque tengas pensamientos negativos, puedes solucionar un problema, esto es factible, en especial si son situaciones que duran poco tiempo. Ahora piensa en las dificultades que duran meses, ayuda mucho si tienes una actitud positiva, verás las cosas de diferente manera y esto hará la diferencia.

Es usual afrontar etapas difíciles con los recursos que tenemos en ese momento, para algunos será suficiente, pero para otros no es así. Necesario será trabajar en nuestro cuerpo y mente para poder solucionarlo. Es como si quisieras tomar un viaje muy largo y no has revisado si el auto está en condiciones para realizarlo, se puede quedar a medio camino. Lo mismo sucede cuando tienes una situación difícil, no solo se trata de crear una solución, es necesario considerar otros factores que influyen y solucionarlo. El objetivo de este libro no es solo dar algunas sugerencias de cómo afrontar una adversidad, sino también de cómo considerar otros factores que te ayudarán a resolver los retos que afrontas.

Algunas creencias las heredas de tu entorno

Tus pensamientos nacen de tus creencias y estas han sido asimiladas de tu entorno a través de factores como la cultura, religión, familia, amigos, educación, etc. Algunas te guiarán a alcanzar tus objetivos y otras te limitarán, por ejemplo:

Creencias positivas	Creencias negativas
La vida esta llena de posibilidades, debo buscarlas.	Como no tengo dinero no soy exitoso.
Me intereso en el prójimo.	Los demás no interesan, lo más importante soy yo.
Mi vida es importante.	Solo soy un trabajador, los sueños no son para mí.
Decido lo que es correcto.	Simplemente mis creencias no me lo permite, no importa si es correcto o no.
Todo es posible si me lo propongo.	No lograré sobresalir en la vida, así me dicen desde pequeño.
Puedo encontrar un espacio para realizarlo!	No tengo tiempo, estoy muy ocupado.
Tomo mis propias decisiones.	Si lo hago, mis amigos les molestará, mejor les pregunto a ellos.

Varias de estas creencias negativas no permiten que puedas ver otras alternativas para avanzar en solucionar una dificultad o alcanzar un objetivo, por lo que es importante evaluarlas si es necesario cambiarlas por otras.

Puede que te preguntes, ¿qué tiene que ver el que me preocupe por los demás para solucionar mi problema? En este mundo, para alcanzar un objetivo, dependemos de otros (en la mayoría de los casos). Es más fácil que las personas te apoyen si ven que te preocupas por ellos, por lo que pierdes oportunidades si tus actos indican que antepones tus intereses a los de los demás.

Lo más seguro es que no tengas el tiempo suficiente en cambiar todas las creencias negativas cuando estás solucionando los apuros del día a día, sin embargo, es esencial que reflexiones qué creencias te afectan para seguir avanzando. Cambiar las creencias negativas no es sencillo, pondrás excusas para no hacerlo, por ejemplo, "eso funciona para otras personas, yo tengo mi propia historia"," es mucho para mí", entre otras.

Un comienzo es cambiar tus creencias suponiendo qué pasaría si éstas no existiesen. Si piensas que no es importante interesarse en las demás personas, puedes preguntarte: ¿Qué pasaría si me intereso en los demás?, ¿conoceré a más personas?, ¿podré ayudarlos en alcanzar sus objetivos?, ¿qué tan lejos llegaré con el apoyo de más personas? Evaluar las ventajas y desventajas de un cambio de creencias te ayudará a evaluar si vale la pena cambiar la forma de pensar y actuar.

Cuando afrontas una adversidad, es importante que mantengas tu salud física, mental y espiritual ya que no sabes cuánto durará esta etapa. Muchas personas comienzan esta situación sin cuidar estos tres aspectos y comienzan a desesperarse al pasar las semanas. Si te sientes así, puedes corregirlo, comienza a cuidar tu cuerpo, a ser consciente trabajando tus pensamientos y tu espiritualidad. El camino es un poco más claro y tendrás menos obstáculos para alcanzar tus objetivos si trabajas con la mejor versión de ti.

En este capítulo hemos hablado de trabajar en tu cuerpo, tu mente y espíritu. Otro punto importante es conocer cuáles son los recursos con los que cuentas para afrontar una crisis, esto te lo comentaré en el siguiente capítulo.

Capítulo 3

Enfoquémonos en nuestras fortalezas y no en las debilidades

En la profundidad del invierno, finalmente aprendí que dentro de mí yace un verano invencible.
Albert Camus.

Muchas personas se enfocan en trabajar y mejorar sus debilidades ya que asumen que sus fortalezas no necesitan más desarrollo. Si bien mejoraremos trabajando en nuestras debilidades, es muy probable que mejoremos un poco y no lleguemos a ser muy buenos. En cambio, si trabajamos en nuestras fortalezas, lo más seguro es que lleguemos a un nivel muy alto y en poco tiempo. Es como si tuvieras una piedra normal en una mano y una piedra de oro en la otra mano, dedicas mucho tiempo en limpiar la piedra normal con el objetivo de que brille y dejas la piedra de oro a un lado, lo más seguro que no obtendrás grandes resultados de esa piedra. En cambio, si dedicas tiempo en limpiar la piedra de oro, brillará más rápido y en menos tiempo. Nuestras fortalezas se comportan de la misma manera.

Cuando dirigía mis primeros equipos, la presión era muy alta, nuestro rendimiento no era el mejor, estábamos haciendo las cosas mal, nos estábamos tropezando con la misma piedra una y otra vez. En lugar de analizar qué estábamos haciendo mal, trabajábamos más fuerte y más horas. Sabía que debíamos capacitarnos en las fortalezas de cada miembro del equipo, sin embargo, me convencía de que no teníamos tiempo y seguía trabajando. Al pasar las semanas, deduje que el tiempo que no utilicé en capacitarnos, se utilizó para arreglar los inconvenientes que se repetían, concluí (muy tarde) que habría sido mejor capacitarnos y corregir la causa; fue un aprendizaje doloroso en ese momento. Esta mala experiencia les pasa a muchos, no hacemos una pausa en lo que estamos realizando porque tenemos la creencia que no debemos parar para conseguir un resultado.

Si maximizas tus recursos para afrontar las adversidades, tendrás más posibilidades de ser exitoso. Bryan Tracy comenta: "El crecimiento personal es un gran ahorro de tiempo. Cuanto mejor te vuelves, menos tiempo te lleva alcanzar tus objetivos". Maximizar tus fortalezas te da muchas ventajas, si piensas que no cuentas con alguna habilidad y crees que eres una persona como cualquier otra, déjame decirte que eres especial, tienes características que te distinguen de los demás.

Todos somos únicos, con características que nos diferencian de los demás. Si tienes varios hermanos con los que has vivido en la misma casa, recibiendo los mismos valores y estudios, verás que, aun así, no eres igual a ellos; a uno le gustará cierto deporte, a otro la lectura y a otro algo completamente diferente. Todos tenemos fortalezas y debilidades, si no eres consciente de cuáles son esas fortalezas, no te preocupes, lo puedes descubrir. En mi libro *Forjando Nuestro Destino* hablo de cómo descubrir tus fortalezas a través del método FODA, el cual no te llevará mucho tiempo. Estas fortalezas no solo son físicas, abarcan todo en lo que eres bueno, por ejemplo:

- Relacionarte con las personas.
- Integridad.
- Confianza.
- Influencia.
- Control emocional.
- Negociación.

Transforma la incertidumbre en oportunidades

- Carácter.
- Responsabilidad.
- Liderazgo.
- Etc.

Si piensas que algunas características no te ayudarán a resolver tu problema, pensémoslo de otra manera:
- Si no eres responsable, ¿será una causa para que no te busquen y no consigas más clientes?
- Si eres bueno en relacionarte con las personas, puede que tengas una fortaleza que puedas maximizar. Las relaciones te ayudan a alcanzar el éxito más que las aptitudes que puedas tener.

La combinación de estas fortalezas o debilidades pueden ayudarte o afectarte en solucionar un problema. Si eres muy bueno relacionándote con las personas, conseguirás más clientes, sin embargo, si no eres responsable, estos clientes pueden abandonarte.

Me contaron la historia de dos leñadores que estaban en un concurso para saber quién era el mejor cortando árboles. La competición comenzaba con la salida del sol y terminaba a medio día. Los dos competidores iniciaron con mucha energía, al pasar la primera hora, el primer leñador notó que el segundo había parado de cortar, por lo que pensó que estaba cortando más árboles, al cabo de un rato, el segundo leñador volvió a cortar árboles; luego de otra hora, volvió a parar otra vez, mientras que el primer leñador estaba confiado que estaba cortando más árboles porque no se había detenido desde el inicio del evento. Al finalizar la competencia, el primer leñador estaba muy contento ya que pensaba que era el ganador, sin embargo, anunciaron como ganador al segundo leñador. El primer leñador exigió una explicación de lo que había pasado, argumentó que el segundo leñador había parado un par de ocasiones y que él había cortado más árboles. El juez le comentó que el segundo leñador se había detenido para hacerle filo a su hacha, por lo que eso le ayudó a cortar más árboles en menos tiempo, sus pausas le generaron una ventaja para que su herramienta tuviera más filo en comparación al primer leñador. En la vida real pasa lo mismo, nos enfocamos en trabajar arduamente y no le sacamos filo a nuestra hacha, que en este caso sería nuestras fortalezas. Si piensas que no sabes dónde buscar información para mejorar, es posible que solo sea una excusa. Ahora, a través de Internet, es más sencillo conseguir información sobre el área que deseas desarrollarte, es una opción válida para iniciar, por lo que ya no es un pretexto decir que no sabes cómo aprender. Una vez que hayas identificado tus fortalezas, comienza a trabajar en ellas para obtener tu máximo potencial, entre más pronto mejor, en especial si estás afrontando un problema en esos momentos. Es mejor tarde que nunca.

Puedes realizar un análisis FODA sobre tu persona, no solo verás tus fortalezas, también podrás ver tus debilidades, es una buena oportunidad para determinar qué hacer con ellas y si influye en alcanzar un objetivo. Si tu debilidad son las ventas y estás creando un negocio, esta debilidad juega en tu contra, por lo que debes decidir si lo delegas o mejoras en cómo vender. Si decides aprender, mejorará tu probabilidad de éxito al vender, esto será mejor a que te quedes en tu situación actual y no veas resultados en lo que te propones.

La actitud hace la diferencia ante la adversidad

Hace tiempo escuchaba que si mejoraba en la actitud podía tener mejores resultados, incluso ante la adversidad. Antes de empezar mi primer trabajo, creía que iba a sobresalir por mis aptitudes. Sin embargo, me di cuenta que muchos compañeros de trabajo estaban mejor preparados académicamente, tenían varios títulos universitarios, por lo que aprendí que debía sobresalir de otra manera y una alternativa era ayudar a los demás en solventar sus dificultares. Mientras que otras personas no se esforzaban fuera de su horario laboral, mi actitud de ayudar estaba contribuyendo a sobresalir. He visto con los años que las personas prefieren trabajar con otras que tienen una buena actitud; evitan a las personas que generan un ambiente negativo, se rinden, buscan excusas, desmotivan a sus compañeros, buscan culpables, etc. Las personas con una actitud negativa no dan más allá de lo que se les pide, he visto personas que han vivido así la mayor parte de su vida y no comprenden por qué otras personas tienen éxito y ellos no. Mientras que, si trabajas con personas que muestren una actitud positiva, ocurre lo opuesto, aportan ideas, son constructivos en sus comentarios, apoyan a los demás, los motivan a seguir adelante, contagian a los otros con su positivismo, no se rinden, asumen su responsabilidad ante los fracasos. Cuando les piden esforzarse más, ven el lado positivo, ven oportunidades de aprender cosas nuevas con lo que están realizando.

La actitud tiene que ver con lo que crees que debes hacer, nace de tu interior. No es suficiente decir lo que piensas, hay que vivirlo. Tarde o temprano las personas verán cómo eres en realidad. Cuando hay una actitud positiva ante la adversidad, ves las cosas desde una perspectiva de lucha:

- **No te das por vencido.** Miras el fracaso como parte de tu crecimiento, estás preparado para fracasar y se contempla en tus expectativas para alcanzar el éxito.
- **Afrontas los retos.** Si tienes algún reto, lo encaras.

- **Te responsabilizas de tus emociones.** Es común que las emociones emerjan cuando hay un problema o reto, controlarlas te ayudará a tomar decisiones con objetividad.
- **Hacer las cosas que te gustan.** Esto hará más sencillo tener una actitud positiva, te dará energía y mejorará tu rendimiento.
- **Ser excelente en lo que hagas.** Cuando sobrepasas las expectativas, las cosas se mueven de mejor manera, sobresales cuando das la milla extra, te incluirán para hacer otras actividades; lo mismo ocurre con tus clientes, serás tomado en cuenta para otras oportunidades que se puedan presentar.
- **Desafíate.** Si crees que eres bueno en un área de fortaleza, busca ser excelente, te hará crecer aún más.
- **Sé positivo ante la adversidad.** Aunque te encuentres en situaciones difíciles, observa las cosas con un enfoque positivo. Visualiza las oportunidades que se presentan y podrás aprovecharlas para realizar nuevas actividades.

Cuando tienes la actitud correcta, afrontarás los desafíos de una mejor manera, alentarás a los demás a seguir adelante y será un factor de éxito en tu vida.

Aprovecha tus experiencias

Es usual que afrontes los retos que se presentan con base en tu experiencia previa, sin embargo, algunas personas no tienen buenos resultados y se preguntan ¿por qué no funcionó? Puede haber muchas causas dependiendo del tipo de negocio. Una causa es que no evaluaron su experiencia, es decir, analizar si lo que hicieron anteriormente fue lo mejor o no. Hace años iniciamos con mi esposa un negocio y nos fue muy bien por lo que abrimos otro negocio parecido, sin embargo, no dio el resultado deseado. Luego de analizar la situación, encontramos varios factores que no habíamos tomado en cuenta en nuestras operaciones, vimos que teníamos las mismas fallas en ambos negocios y que en el segundo se estaban reflejando más que en el primero. No habíamos evaluado nuestra experiencia realmente. Esto le pasa a muchos, no evalúan la experiencia y no piensan en mejorar.

Las experiencias nos servirán si realmente analizamos qué pasó y evaluamos lo que podemos mejorar, además sabremos lo que ya no debemos hacer otra vez. Laurence Peter dijo *"Sólo una cosa es más dolorosa que aprender de la experiencia, y es, no aprender de la experiencia"*.

No te preocupes en fallar

Es frecuente que pongas obstáculos para pensar en nuevas ideas ya que crees que fallarás. Las personas aprenden más de sus fallas que de sus éxitos, muchos fallan al inicio; sin embargo, aprenden más, algunas personas saben que, si no va a funcionar, ven el lado positivo de estas fallas. Si te preocupas por fallar, puede que nunca inicies en lo que deseas hacer. Henry Ford dijo lo siguiente: *"El fracaso es solo la oportunidad de comenzar de nuevo de forma más inteligente"*.

En conclusión, podemos decir que es crucial trabajar en el desarrollo personal y la actitud para afrontar los fracasos, esto hará que mejoren tus habilidades y tendrás mejores probabilidades de alcanzar los objetivos en menos tiempo. Estas actividades te harán diferente a los demás, comenzarás a utilizar otras herramientas para resolver un problema. A este tema lo veremos en el siguiente capítulo.

Capítulo 4
Sé diferente a los demás

Se ríen de mí porque soy diferente. Yo me río de ellos porque son todos iguales.
Kurt Cobain.

Cuando hay situaciones que son nuevas y no sabes qué hacer, es posible que quieras solucionarlo de la misma manera que trabajas en el día a día. En algunas circunstancias funciona y en otras no, cuando no funciona te angustias, piensas que no tienes salida; sin embargo, se tiene la posibilidad de analizarlo de manera diferente a lo que estás acostumbrado, la clave es que decidas hacerlo.

Para muchos, ser diferente es ir en contra de lo establecido, algo malo, pero muchos avances tecnológicos fueron inventados por esas personas que piensan diferente, que se atrevieron a ver las cosas desde otra perspectiva. Son capaces de diseñar soluciones diferentes porque piensan diferente a la norma.

Diferenciarte de los demás no es un estilo de vida, simplemente es tener tu propio criterio de cómo se pueden hacer las cosas. Hace años presté mis servicios de consultor a una empresa de publicidad, vivían un ambiente totalmente diferente al que yo conocía. La mayoría de las veces estaban de buen ánimo a pesar de las presiones de su trabajo, presentaban ideas que me parecían pocos convencionales; luego de un tiempo comencé a ver sus actividades desde otra perspectiva, muchas de esas ideas se convirtieron en realidad y fueron aceptadas por el público. Las personas que piensan diferente toman en cuenta muchos aspectos que los demás no consideran o no aprovechan al máximo.

No te distraigas

Es habitual que las personas se distraigan y no alcancen sus objetivos. Es como querer ir a la playa y alquilar una casa por una noche, sales de tu hogar a medio día, te detienes en cada tienda para comprar víveres y ropa, lo haces con la idea de distraerte y llegas a tu destino por la noche, el problema es que tienes que entregar la casa al otro día por la tarde, poco has disfrutado de la casa que has alquilado y comienzas a improvisar para salvar el viaje.

Es común ver este tipo de situaciones en los negocios, muchas personas quieren alcanzar un objetivo, pero se distraen en actividades que no agregan valor. Las personas que se mantienen enfocadas invierten su tiempo y energía para alcanzar un objetivo, no se distraen, ya que buscan cumplir según lo han planeado.

Realizar muchas cosas al mismo tiempo no ayuda a mantenerse enfocado, no se terminan las actividades en el tiempo establecido y comienza a pensarse por qué no hubo éxito. El cerebro necesita entrenarse para mantenerse enfocado a largo plazo, si no se entrena, será fácil distraerse con el paso del tiempo. Una opción es trabajar en ciertas rutinas para mantenernos enfocados:

- **Realizar una lista de actividades y sus prioridades**. Identifica las actividades que agregan valor a tus objetivos, determina su prioridad y haz una lista de ellas.
- **Define una hora para realizar las actividades que requieren concentración.** Busca un momento del día que no tengas distracciones de otras personas, si puedes mantenerte aislado, será mejor. Me ha funcionado dedicarme en los temas estratégicos e importantes a principios de la mañana y, al finalizarlos, me dedico a tratar temas administrativos, ver correos, atender a personas, etc.

- **Evita los celulares y redes sociales.** Si no es parte de lo que harás, no los utilices todo el tiempo, te ayudará a mantenerte ocupado en la actividad que deseas realizar.
- **Ordena el área en donde trabajarás.** Ayudará a que no te distraigas con las cosas que no utilizarás, es fácil distraerse con una mesa desordenada.
- **Trabajar en bloques de tiempo.** Es fácil agotarnos cuando trabajamos sin parar, es mejor trabajar en pequeños bloques de tiempo y luego descansar, esto hará que te recuperes en esa pausa y vuelvas a trabajar descansado. Por ejemplo, trabajas media hora, descansas 5 o 10 minutos, luego vuelves a trabajar.

Trabaja en tu autodisciplina

Hay personas que se preguntan cuál es la fórmula para alcanzar los objetivos que se trazan, especialmente cuando son actividades que no están en su área de confort, yo les comento que hay algo que nos ayuda a alcanzarlo y esto es la autodisciplina.

 Aprendí en la escuela que la disciplina era hacer primero las cosas que no me gustarán. Puede que esta definición no sea completa, sin embargo, influyó en mi vida para poder alcanzar mis objetivos. El primer lugar donde deberíamos practicar la autodisciplina es en casa. Si forma parte de nuestras vidas, las cosas son más sencillas.

En cierta manera, nos enseña que debemos trabajar para alcanzar algo que no se obtiene de una manera sencilla. Es común ver a jóvenes con poca autodisciplina ya que algunos padres piensan que a sus hijos se les debe dar todo sin sacrificarse, el problema es que, al salir de la protección de sus padres, la vida no es así de fácil. Algunos salen adelante y son exitosos, también hay otros que se deprimen y no saben qué hacer cuando es necesario esforzarse o hacer cosas que no están acostumbrados a realizar. Puede que tengan muy buenas ideas, sin embargo, cuando quieren implementarla, no logran cumplirla porque no tienen la fuerza de levantarse temprano, cumplir con lo que ofrecen o llegar a una cita a la hora que se agendó.

En mi vida profesional, realizar actividades que no estuvieran en mi zona de confort (o que no me gustara hacerlo) hizo que me diferenciara de mis colegas. Hace unos años, empecé a estudiar para obtener un certificado de un área a la que me dedico profesionalmente. Pensé que iba a ser sencillo porque tenía varios años de experiencia, pero me percaté de que tenía mucho que aprender. Me di cuenta de que debía de hacer cambios en mi vida personal para estudiar. Esto lo hice por más de un año y no lo habría logrado sin autodisciplina.

Alcanzar los objetivos debe ser intencional, esto lo hace la autodisciplina, lleva a la acción generando resultados. Una persona disciplinada se levanta a la misma hora para cumplir sus obligaciones, no piensa si hace frío o no, simplemente se levanta. En cambio, una persona que no lo es, piensa en el calor y comodidad de su cama, decide que sus responsabilidades deben esperar para más tarde o para cuando tenga deseos de realizarlas. ¿Te sientes identificado?

La autodisciplina hace que te diferencies de los demás y ayuda a alcanzar el éxito, como dice Scott Alexander en su libro "El Rinoceronte": ¡¡¡A la Carga!!! (1980, p. 11)

Considera cada idea

Tendrás muchas ideas y es probable que consideres que algunas sean inalcanzables, fuera de la realidad, comunes, obsoletas, etc., sin embargo, es un buen hábito explorar cada una de ellas; puede que necesiten verse desde varios ángulos. En algunos casos, dependerá de las circunstancias en las que te encuentres.

En esta pandemia he visto negocios que ofrecen nuevos productos, por ejemplo, accesorios para abrir la puerta con el pie, nuevas aplicaciones para las entregas a domicilio, servicios digitales para detectar el estado de salud, etc. Si en el análisis de una idea tomamos en cuenta qué es lo que pasa a nuestro alrededor, se crean opciones para que podamos ver las necesidades de las personas y evaluar si nuestras ideas satisfacen esas necesidades.

Ve el panorama general

Busca ver todo el mapa y no solo el punto en el cual te encuentras. Cuando se tiene un problema que resolver, la mayoría de las personas analizan lo que les está afectando, son pocos los que levantan la cabeza y ven qué está pasando a su alrededor y cómo les afecta.

En la pandemia de Covid-19, muchos negocios no podían abrir por disposición del gobierno. Antes de este evento, algunos de ellos ya no tenían la rentabilidad que deseaban y al ver que en otros países no estaban volviendo a la normalidad se dieron cuenta que, aunque los dejaran reabrir, no se recuperarían, por lo que muchos cambiaron sus operaciones o cerraron definitivamente. Hubo otras personas que no vieron el panorama general, esperaron abrir otra vez y cuando esto ocurrió, no se recuperaron.

Cuando ves el mapa general, puedes tomar mejores decisiones, incluirás otras variables que afectan lo que haces y te dará mayor control de tus actividades. Una gran ventaja es que podrás ver más que otras personas, haciendo que puedas adelantarte en aplicar las acciones adecuadas para cada situación.

Para obtener resultados diferentes, se deben hacer cosas diferentes, este es el mensaje de este capítulo. Otro punto a considerar es saber cómo es tu realidad. Sigue leyendo el próximo capítulo sobre los aspectos que debes tomar en cuenta para resolver un problema.

Capítulo 5
Establece tu realidad

La realidad es aquello que, cuando uno deja de creer en ello, no desaparece.
Philip K. Dick

Mantenerte todo el tiempo en un estado de pánico no asegura que te ayude a resolver la dificultad en que te encuentres. Puede que a algunas personas los haga reaccionar, sin embargo, para otros no es así, es necesario manejar nuestros miedos para seguir adelante. Muchas personas huyen de su realidad, prefieren no saber cómo se encuentran, creen que sufrirán, por lo que deciden ignorarlo y permanecen en su zona de seguridad.

Si deseas salir adelante, es primordial tener una buena actitud y trabajar en ser autodisciplinado, ya que te acercará a encontrar una solución a tu dificultad. Es necesario saber en dónde te encuentras ahora para determinar qué falta por resolver en las situaciones que se presentan. Esto no es sencillo, pero establecer las dificultades y las oportunidades que puedas tener te da control de la situación, al clasificarlas podrás resolverlo. Si no estableces tu realidad, juegas a adivinar qué es lo que tienes que hacer, y si fallas, es posible que no sepas qué ocurrió.

Hace muchos años, estaba asesorando a un cliente en sus oficinas, éstas se encontraban en un edificio, me habían proporcionado un gafete de entrada, por tanto, ya no pasaba por la recepción. Un día al entrar a la oficina muy temprano, percibí un olor a diésel, no sabía qué había pasado, me enteré más tarde de que el edificio usaba diésel como combustible para el aire acondicionado (el tanque estaba en la azotea) y éste se había derramado, avanzando por los conductos de la energía eléctrica, toda la gente del edificio fue evacuada. Para mi sorpresa, al segundo día de haber ocurrido el incidente, me llamaron para instalarme en un edificio temporal. En pocos días se habían normalizado las operaciones, la empresa había establecido su realidad, detectaron riesgos y crearon planes para reaccionar a estas eventualidades. Lo mismo sucede en nuestra vida personal y profesional, podemos identificar riesgos y oportunidades, evaluar su impacto en nosotros y determinar qué haríamos si ocurrieran.

Puede que pienses que es exagerado pensar en estas posibles eventualidades, sin embargo, esto hará la diferencia al momento que tengas una adversidad a vencer. Si lo piensas bien, estas adversidades son eventos que no ocurren a menudo, toman a la mayoría de las personas desprevenidas, en algunas ocasiones, son eventos que se repiten cada cierto tiempo y no se planifica qué hacer cuando esto ocurre, como por ejemplo con los terremotos, huracanes, fallecimiento de seres queridos, etc.

Poder prepararnos tiene sus beneficios, no tendremos que preocuparnos demasiado, sabremos qué hacer, podemos tomar una decisión con suficiente información.

Si tienes problemas en seguir adelante con tu negocio, determina hasta cuándo logras mantenerte y en qué momento parar. Es posible que pienses que no hay que ser pesimistas con este punto, pero sí necesitas saber cuál es tu realidad, esto hará que tomes medidas para poder manejarlo adecuadamente.

Cuando inició la pandemia de COVID-19, muchos no sabíamos qué iba a suceder, veíamos que en los países de Europa y Asia estaban aislándose de los demás, las personas no salían de sus casas a menos que fueran a comprar sus alimentos. Cuando las medidas de aislamiento en mi país comenzaron a establecerse, ya habían pasado tres meses desde que había iniciado esta pandemia a nivel mundial.

Muchas personas estaban preguntándose qué iba a pasar con sus negocios (evaluaron su estado actual), mientras que otras simplemente se quedaron a observar y estaban esperando conocer qué solución daba el gobierno. Al pasar los dos primeros meses de confinamiento en mi país, muchos negocios reaccionaron de diferente manera:

1. **No fueron afectados, estaban encontrando oportunidades de negocio.** Sus operaciones no fueron afectadas, aprovecharon sus fortalezas para encontrar nuevas oportunidades que se presentaban. Sus ingresos aumentaron.

2. **Cambiaron de estrategia.** Fueron afectados, cambiaron sus operaciones para adaptarse a su realidad, brindaron nuevos servicios, utilizaron las redes sociales para incrementar sus ventas, mantuvieron los recursos esenciales, disminuyeron costos, etc. Estaban luchando para mantenerse a flote.

3. **Cambiaron de negocio.** Se dieron cuenta que su negocio permanecería cerrado varios meses y determinaron que no podrían seguir de esa manera, dejaron ese negocio y comenzaron otro, en algunos casos, en áreas que no tenían experiencia.

4. **Crearon nuevos negocios.** Algunos vieron esta realidad como una oportunidad y no como una crisis. Utilizaron las redes sociales para atraer clientes, vieron nuevas necesidades y la aprovecharon.

5. **Se limitaron a realizar cambios por disposiciones del gobierno.** Cambiaron horarios, aumentaron algunas medidas de seguridad, trabajaron en casa, etc. No tuvieron mayor incidencia en sus operaciones, por lo que no tuvieron interés en innovar sus

negocios, y sus objetivos definidos a principio de año se mantuvieron.

6. **Tuvieron problemas, optaron por esperar que mejorara la situación.** Creyeron que era cuestión de tiempo para que todo volviera a la normalidad, en algunos casos, sus negocios estaban cerrados y tenían capital para mantenerse por varios meses. Sus negocios generaban pérdidas y no estaban haciendo algo para cambiar su condición. Algunos no sabían hasta cuándo podrían soportarlo y cerraron con el paso de los meses.

En los puntos 5 y 6, las empresas siguieron como siempre o esperaban que todo mejorara. Esto pudo ser así para algunos negocios, sin embargo, para otros, el resultado fue diferente ya que el negocio en el que se encontraban fue afectado o simplemente ya no existía más (¡y no lo sabían!). Es como si estuvieran en un barco en medio de una tormenta y dejaran que la marea determinara su destino.

Mientras, en los puntos 1 al 4, las empresas comenzaron a cambiar sus estrategias, ya sea para aprovechar sus oportunidades, para sobrevivir o crear nuevos negocios… determinaron su realidad y comenzaron a analizar qué debían hacer. Algunos se arriesgaron en tomar un camino desconocido.

En la vida personal ocurre lo mismo, debes determinar en dónde te encuentras para tomar la mejor decisión, por ejemplo:

¿Cuál es tu estado financiero?
Cuáles son tus ingresos, tus deudas, hasta cuántos meses consigues mantenerte sin un ingreso fijo, de qué gastos logras prescindir, etc.

¿Cómo estás físicamente?

Si tienes alguna enfermedad crónica, cómo te afecta si estás en una situación difícil, qué opciones tienes, etc.

¿Tienes alguna restricción?

Tienes alguna limitación u obligación que debas tomar en cuenta, por ejemplo, la fecha límite para el pago de una hipoteca, requisitos que debas cumplir para alcanzar un objetivo, etc.

¿Cuáles son tus fortaleza o debilidades?

En qué áreas eres bueno y en cuáles no. Saber esto te puede ayudar mucho para enfocarte en actividades en las que eres bueno y obtener mejores resultados en poco tiempo.

Conocer tu estado actual, te ayudará a tomar decisiones con más detalle, por lo que tendrás mayor control de ti para alcanzar tus objetivos y no dejarás a la suerte tu destino.

Ahora que sabes cómo establecer tu realidad, debemos saber qué pasa en el exterior.

Capítulo 6
Observa qué es lo que pasa a tu alrededor

La lógica te llevará del punto A al B. La imaginación te llevará a todas partes.
Albert Einstein

Puede que lo primero que pienses con ello es: ¡Estamos en crisis! ¿Qué más hay que ver? Las personas están encontrando nuevas necesidades y están emprendiendo, está ocurriendo porque ven las oportunidades que hay a su alrededor y esto se logra observando.

Conozco a unos amigos que en los primeros días de cuarentena comenzaron a ofrecer artículos a domicilio; al pasar el tiempo, las personas comenzaron a salir más de sus casas, por lo que iniciaron otro negocio, comenzaron a moverse con rapidez y adaptarse a la situación en que se estaban encontrando.

Al inicio es posible que sea difícil poder ver más de lo que ves ahora, esto lleva tiempo. Al hacer esta actividad comenzarás a ver oportunidades en varias áreas de tu vida.

Qué sucede a tu alrededor.

Comienza con tu familia, compañeros de trabajo o tus amigos. Qué necesitan, observa qué hábitos han cambiado. Los niños están más tiempo en casa, por lo que sus rutinas diarias fueron modificadas, necesitan entretenerse por un largo tiempo, ya sea a través de la televisión o realizando actividades como manualidades, juegos de mesa, etc.

Qué sucede en tu comunidad.

Con la pandemia, las personas no querían salir de casa y puede que no estaban acostumbrados a cocinar, esto hizo que utilizaran con mayor frecuencia el servicio de mensajería para que llevaran sus paquetes, comprar comida y artículos del supermercado. Hubo actividades que se trasladaron a casa, como el trabajo remoto, esto implicó estar sentado varias horas y algunas personas no tenían muebles adecuados para esta situación. Muchos evitaron visitar un salón de belleza o una barbería, por lo que compraron máquinas para cortar cabello y otros utensilios de belleza.

Qué sucede con los negocios actuales.

Muchos negocios cambiaron sus operaciones, por ejemplo, los restaurantes no podían recibir a los clientes para que comieran en sus locales, esto los obligó a mejorar sus servicios para llevar e implementar el servicio a domicilio; también habilitaron sus parques para que los clientes comieran dentro de sus autos (algo muy popular en los años 50). Otras empresas mejoraron sus servicios de Internet, por ejemplo, los gimnasios comenzaron a ofrecer servicio personalizados en línea.

Qué sucede en las redes.

Las redes sociales estuvieron más activas que nunca ya que las personas no podían salir de casa, esto ha generado que los emprendimientos ofrezcan sus servicios a través de ellas. Los Bloggers están aumentando, hay redes sociales que están en auge y opacan a las redes tradicionales, etc. Las necesidades están cambiando, nosotros debemos cambiar también. Muchas personas pensaron que sus negocios o empleos estaban asegurados hasta jubilarse, nos hemos dado cuenta de que no fue así. La mayoría de las empresas que se enfocan en el servicio al cliente fueron afectadas duramente, como los hoteles, centros comerciales, bares, restaurantes, entre otros. Si te encuentras en una situación similar, debes buscar alternativas para salir adelante, por lo que debes observar el negocio sobre el cual quieras enfocarte (o en el que te encuentres ahora).

Puede que pienses que no se te da eso de la creatividad, ya eres mayor y nunca has tenido una buena idea para un negocio. Todos tenemos ideas, lo que pasa es que algunos se lanzan a hacer realidad esa idea y otros no se animan porque están muy cómodos en la condición que se encuentran. Si piensas que las personas creativas se levantan un día y dicen tener una idea que, eventualmente, se convierte en un éxito, te diría que no es así de literal. La mayoría han estado trabajando en ideas por mucho tiempo, algunas no se vuelven realidad, otras no resultaron, etc. Estas personas fueron trabajando en sus ideas hasta perfeccionarlas, lo que lleva tiempo. Hay muchas opciones que puedes utilizar para trabajar en esas ideas que te ayudarán en tu negocio o actividad, por ejemplo:

Anota todas las ideas que tengas.
Es común que estemos en un lugar y pase por nuestra mente una idea, pero no la anotamos y la olvidamos cuando nos sentamos a analizarlo. Hay muchas personas que tienen listo su celular para grabar las ideas que tienen en ese momento. No dejes que se te escapen esos pensamientos que harán la diferencia en ti.

Ve qué hacen los demás
Hay muchas personas que toman la idea general de otros y la adaptan a sus necesidades, anteriormente comenté algunos cambios en negocios que se adaptaron en estas situaciones difíciles. Lo que se debe considerar es que muchos tomarán esa

idea y están haciendo lo mismo, por lo que quizás sobresalgan de los demás con el paso del tiempo.

Toma en cuenta la idea de otros

Si no aceptas las ideas de los demás porque crees que no saben lo que quieres y por eso los ignoras (sin escuchar esas ideas), puede que sea cierto, sin embargo, también es viable que tengan una idea que te pueda ayudar. Es bueno aceptar los comentarios de los demás, de tu familia, de tus amigos, de tus compañeros de trabajo... es probable que tengan una idea fabulosa y la están compartiendo, si su idea no se adapta a lo que deseas, tal vez ayude a madurar la que tienes. Si incentivas a los demás para que aporten ideas, se sentirán motivados porque los escuchas y participarán más, te ayudarán porque quieren, en cambio, si ven en ti una persona que no acepta ideas, simplemente dejarán de hacerlo y quizá te quedes solo. Recuerda, si trabajas solo es posible que llegues más rápido, pero en equipo llegarás más lejos.

Has visto varios temas que ayudarán a cambiar la perspectiva de cómo ver una crisis, quizá en estos momentos te digas, está muy bien sin embargo no tengo tiempo, me mantengo muy ocupado para tratar de aplicarlo. Es una justificación válida, por ello, el siguiente tema será cómo administrar tus actividades para dar espacio a estos cambios.

Capítulo 7
Administra tus prioridades

Pierde tu dinero y solo estarás perdiendo dinero, pierde tu tiempo y estarás perdiendo una parte de tu vida.
Michael LeBoeuf.

Uno de los mayores problemas al afrontar un reto es que nos desorientamos, nos abrumamos con todas las cosas que tenemos que hacer. Si tiene un impacto en nuestra economía, comenzamos a pensar en todas las deudas que se acumulan, la hipoteca, el colegio de los niños, puede generar estrés y tenemos que agregar otra dificultad: nuestra salud.

Al inicio de mi carrera, todas las dificultades atacaban al mismo tiempo, no me ocupaba en preguntar si lo que me solicitaban era para resolverlo ahora o para más tarde. Los pendientes se estaban acumulando en mi escritorio, me agotaba mentalmente, los resultados no eran los esperados, muchas personas intervenían para decirme qué hacer, era un caos. Conforme pasaba los años, aprendí a administrar mis prioridades, esto me simplificó mucho el trabajo que debía hacer. Ya no era necesario estar en todo porque me enfocaba en lo que era importante en ese momento.

Si deseas tener mayor control de los problemas, hay que dar un paso esencial, tienes que clasificarlos y atacarlos por su criticidad. Es posible que pienses que sea muy fácil detectar la causa mayor y querer solucionarla, no obstante, se pasa por alto clasificar los demás problemas que han surgido. Si no están clasificados, es común atacarlos como si fueran de alta prioridad, esto nos genera un desgaste innecesario. Ser estratégico es fundamental para resolver las dificultades a largo plazo, ayuda a ver el panorama global de cómo se avanza y determina el momento para solucionar menores contratiempos.

Hay varios beneficios que obtenemos al administrar las prioridades, por ejemplo:

- Te da tiempo para enfocarte en lo que es importante y buscar la mejor opción para solucionarlo. Reduce las distracciones que puedas tener a diario.
- Delegas ciertas tareas de baja prioridad a otras personas o simplemente no lo solucionas.
- Identificas los inconvenientes y determinas si los resuelves de raíz. Cuando afrontas un problema, algunos se vuelven repetitivos y en algunos casos se vuelven un dolor de cabeza, es posible que lleve un tiempo solucionarlo; sin embargo, ayuda a optimizar nuestras actividades.
- Creas una rutina diaria, defines qué actividades realizas en el día y cuál genera valor para alcanzar los objetivos.
- Evalúas si todas las actividades las realizas personalmente o las delegas a otra persona.

A continuación, veremos dos métodos para administrar nuestras prioridades, puedes utilizar la que te produzca más comodidad o utilizar otro método. Lo más importante es que puedas administrar tus actividades con eficiencia.

Método 80/20

Este método 80/20 de Vilfredo Pareto, menciona que, desde una perspectiva estadística, del 20% de las causas generan el 80% de los problemas que tenemos, por lo que debemos identificar ese 20% para poder dedicarnos a ellos y disminuirlos. Es común tomar todos por igual y trabajar arduamente para solucionarlos, pero esto nos puede desgastar muy rápido, nos desanima porque vemos que la situación no cambia. Explicaremos este método a través de un ejemplo: en un restaurante se tiene un registro de incidentes internos y de los clientes, por lo que podemos hacer lo siguiente:

• Clasificar los incidentes. Estos suelen ser quejas del cliente o incidentes reportados por el equipo del restaurante.

• Registrar la frecuencia (número de veces que ocurre el evento) por cada tipo de incidente.

• Ordenar los incidentes por clasificación.

• Enfocarse en estos incidentes que tiene una mayor frecuencia por clasificación.

Al realizar estos pasos, se tiene la siguiente información:

Clasificación	Problema	Frecuencia
Caja	El cajero se ausenta por apoyar al administrador para realizar el cierre.	5
Caja	El cliente se queja al final del día que se tardan en cobrarle el servicio.	3
Cocinero	Un cocinero se ausenta en el día.	5
Comida	Se tardan mucho en llevar la comida a la mesa.	10
Comida	Se quejan de la comida.	8
Interno-cocina	La estufa sufre desperfectos.	2
Menú	El menú es limitado.	2
Mesero	El cliente se queja por la mala atención del mesero.	25
Mesero	Los meseros se ausentan.	10
Mesero	Los meseros no están capacitados.	10
Restaurante	Las mesas no están listas.	5
Restaurante	El piso esta sucio.	4
	Total	89

Si llevamos todos estos datos a una gráfica, agrupamos estos incidentes por su clasificación, tendríamos lo siguiente:

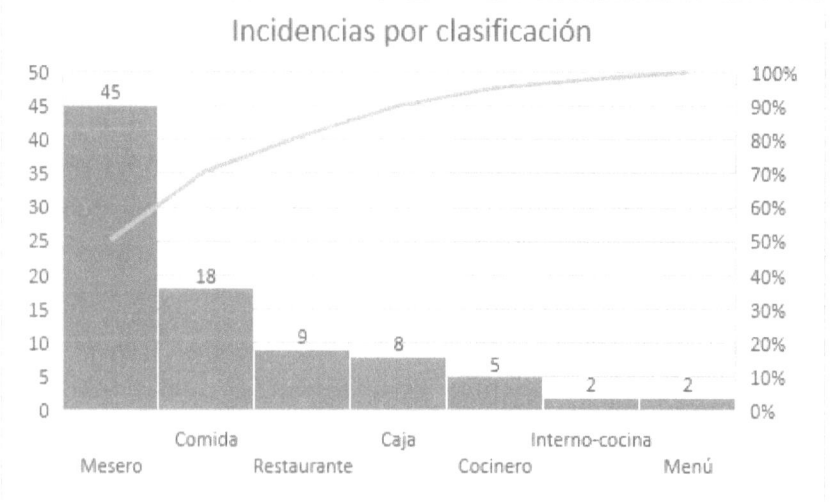

Al mostrar su frecuencia por clasificación, "mesero" tiene una frecuencia de 45, la clasificación "comida" tiene una frecuencia de 18, etc. Los incidentes relacionados a "mesero" y "comida" (28% de las causas) representan el 71% (63 incidentes de 89) de los casos que tiene el restaurante. Si se enfoca en esas áreas, habrá una mejora en el servicio al cliente.

El factor 80/20 se aplica en otras áreas que pueden ayudar a mejorar el rendimiento a nivel personal y profesional, por ejemplo:
- El 20% del tiempo produce el 80% de los resultados.
- El 20% de los clientes representan el 80% de los ingresos.

Es común olvidar a estos clientes que generan grandes ingresos y dedicarse en los clientes que apenas representan un 20% de los ingresos.

Si enfocas tu tiempo en estas actividades que aportan más valor para alcanzar los objetivos, mejorarán las actividades y habrá mayor probabilidad de cumplir los compromisos establecidos.

Matriz Eisenhower

La matriz de Eisenhower clasifica las prioridades según dos conceptos básicos:

- **Importante.** Son actividades que ayudarán a alcanzar un objetivo que se ha establecido. Se define una dificultad como alta o baja importancia de acuerdo con las circunstancias que te encuentres.

- **Urgente.** Son actividades que se tienen que resolver para continuar con las actividades que han planificado. Estos serán eventos internos (resolver un incidente que no puede esperar más) o externos (terremoto, pandemia, etc.). Un problema que no sea urgente al inicio cambia de estado si no lo atiendes apropiadamente hasta convertirse en un tema urgente por resolver.

Estas clasificaciones se combinan y cambian de acuerdo con la situación que te encuentres. Por ejemplo, si tienes que revisar el radiador de tu auto, el cual utilizas una vez por semana, consideras que es viable esperar en repararlo, es importante pero no urgente. Sin embargo, si planeas realizar un largo viaje, es imperativo que cambie a importante y urgente, ya que es probable que te quedes varado en la carretera por este desperfecto. Tienes que resolverlo inmediatamente.

Al utilizar estas dos clasificaciones, generan cuatro combinaciones, para cada una de ellas, podríamos definir una estrategia para resolverlas. A continuación, se presenta el cuadro con las combinaciones que existen y una posible estrategia general como punto de partida:

Prioridad	Importancia	Urgente	Estrategia
1	Alta	Alta	Realizarlo ahora.
2	Alta	Baja	Planificar.
3	Baja	Alta	Delegarlo si es posible.
4	Baja	Baja	No realizarlo o delegarlo.

- Cuando la importancia y urgencia son altas (prioridad 1), se tienen que atender inmediatamente, es decir, tus esfuerzos tienen que estar dirigidos a resolverlos lo más pronto posible.
- Si defines una actividad como alta en importancia, pero no es urgente (prioridad 2), planificas cómo y cuándo lo trabajarás. Defines la fecha para resolverlo y el tiempo a invertir para ello. Si no logras cumplir con la fecha establecida, es posible que esta tarea termine siendo de alta urgencia y tengas que apresurarte a resolverlo, por lo que atrasarás tus actividades diarias.
- Si un problema no es importante, pero sabes que es urgente (prioridad 3), podrías evaluar en delegarlo, ya que no te agrega valor que tú lo resuelvas. Si lo descuidas, es posible que se vuelva importante, por lo que deberías estar pendiente de que se solucione.
- Para las dificultades que no son importantes ni urgentes (prioridad 4), las delegas a otra persona o simplemente no las realizas.

Cuando no los identificas y te esfuerzas en solucionarlo, puedes desanimarte porque no ves que tu situación mejore, esto sucede porque te enfocas en resolver situaciones que no ayudan a alcanzar tus objetivos y no eran urgentes.

Transforma la incertidumbre en oportunidades

La estrategia de cada prioridad la personalizarás de acuerdo con la condición en la que te encuentres.

Utilizando el ejemplo anterior (incidentes en el restaurante), se agregó más detalle a cada problema para ayudar a clasificarlos de acuerdo con su importancia y urgencia, le agregamos la prioridad para que sea más sencillo identificarlos.

Problema	Frecuencia	Importante	Urgente	Prioridad
Se tardan en cobrarle el servicio al cliente que llegan al final del día.	3	Alta	Alta	1
Se quejan del sabor de la comida.	8	Alta	Alta	1
Los meseros no están capacitados.	10	Alta	Alta	1
Se tardan mucho en llevar la comida a la mesa.	10	Alta	Baja	2
El cajero se ausenta por apoyar al administrador para realizar el cierre a fin de mes.	5	Alta	Baja	2
El menú es limitado.	2	Alta	Baja	2
El cliente se queja por la mala atención del mesero.	25	Baja	Alta	3
Las mesas no están listas.	5	Baja	Alta	3
El piso esta sucio.	4	Baja	Alta	3
Un cocinero se ausenta en el día. Se tiene un asistente que puede suplirlo.	5	Baja	Baja	4
La estufa sufre desperfectos. Se ha corregido en esos instantes y no ha atrasado el servicio. Se tiene en la bodega una estufa de menor capacidad.	2	Baja	Baja	4
Los meseros se ausentan. Se cuenta con 5 meseros, pueden reemplazar a los que faltan, la demanda de servicio no es tan alta.	10	Baja	Baja	4

En este ejemplo podríamos ver algunos puntos:

- Vemos que los incidentes de prioridad 1 son tres, estos representan el 23% de los incidentes. Contemplan inconvenientes de capacitación de los meseros, administración del restaurante y la calidad de la comida.
- Se definió que, al trabajar estos tres puntos de prioridad 1, habrá una mejora en los demás asuntos relacionados a los meseros (mala atención de meseros, etc.) y a la comida (atraso en entregar la comida, etc.), por lo que se colocaron como importancia baja. En caso de que se resolvieran los incidentes de prioridad 1 y se verifique que los inconvenientes de prioridad inferior se mantengan vigentes, se podría evaluar reclasificarlos como alta importancia.
- Existen eventos que no tienen mucha incidencia como la estufa y la ausencia del cocinero. Para el caso de la estufa, la poca frecuencia y la poca repercusión en el servicio hace que podamos dejarlo así por ahora, si se incrementa los incidentes y no se tuviera otra estufa en la bodega, se podría cambiar su clasificación, por ejemplo, de alta importancia y de urgencia baja.

La clasificación de los incidentes en importancia y urgencia es subjetiva, va cambiando conforme a las situaciones que vives en ese momento. En el ejemplo anterior, si te genera duda porqué se colocaron algunos incidentes de meseros y comida como baja importancia, esta fue una estrategia para enfocarse en las causas. Si hubiéramos colocado todos los problemas de los meseros y de la comida como prioridad 1, habríamos estado enfocándonos en varias actividades a la vez, generando más trabajo porque varios tenían la misma causa: no estaban realizando correctamente su trabajo, debían capacitarse.

Las prioridades se reevalúan constantemente, esto hará que podamos cambiar de estrategia si es necesario y aprender de estas experiencias.

Podemos mejorar continuamente en administrar nuestras prioridades

Hay muchas maneras de gestionar nuestras prioridades, los métodos que se describieron en este capítulo solo son algunos de muchos, puedes utilizar el que desees, lo importante es que puedas administrar tus actividades con eficiencia. Hay personas que se apoyan en su agenda para realizar sus actividades, si no están registradas ahí, no lo realizan, a menos que fuera una emergencia. Conforme vayas definiendo cuándo harás tus actividades, podrás encontrar espacio en tu día para realizar tareas que te agreguen valor, como clarificar hacia dónde quieres avanzar, formular nuevas estrategias, estar con tus seres queridos, capacitarte, etc.

En este capítulo, hemos visto cómo podemos administrar nuestras actividades, sin embargo, debemos establecer objetivos para solucionar los problemas que enfrentamos, por lo que en el siguiente capítulo veremos algunos métodos para trabajar en cómo lograrlo.

Capítulo 8
Atrévete a resolver las situaciones de diferente manera

No podemos resolver nuestros problemas con la misma forma de pensar que usamos al crearlos.
Albert Einstein

Afrontar un reto lleva a descubrir nuevos caminos en cómo solventarlo, no asumas que lo solucionarás de la misma manera que lo haces siempre. En muchas ocasiones pedimos una opinión a personas que han pasado por una experiencia similar y al recibirla es natural que no la apliquemos, en muchas ocasiones porque la solución no concuerda con la manera en que pensamos. Nos piden hacer actividades que nunca hemos hecho, nos invitan a aprender de nuevo, debemos sacrificar algo, tener otra perspectiva, etc. Es común que lo rechacemos de manera inmediata porque entra en conflicto con nuestras creencias, estas han sido influenciados por varios factores como la cultura, nuestro entorno o si nos mueve de nuestra zona de confort. En muchos casos, la solución la tenemos a la mano, solo depende de nosotros decidir resolverlo de esa manera.

En los primeros capítulos del libro, me he enfocado en la manera de cómo podemos cambiar nuestra forma de ver las cosas para luego conocer algunos métodos que nos pueden ayudar en resolver un problema, tales como nuestra gestión del tiempo y ver nuevas oportunidades. En este capítulo estaremos hablando de un par de métodos que nos permitirá hacer cambios de acuerdo con la situación actual, establecer los objetivos que se necesitan y obtener una conclusión a corto plazo.

Toma decisiones con base en la evidencia y no con supuestos

Es frecuente hacer planes a largo plazo y trabajar en ellos, en la realidad, a veces no se realiza lo que se ha planeado y no se alcanzan las expectativas originales. En mi carrera profesional, he apoyado en muchos proyectos de un mismo sector de negocios, producto y país. Cada proyecto se comporta diferente por diversos motivos, las personas, la cultura de la empresa, la especialización, las tendencias de mercados, sus procesos, etc. Siempre hay algo diferente y esto hace que nos adaptemos.

Para salir adelante en lo que estamos haciendo hay que adaptarse a la realidad en que estamos trabajando, se debe tomar en cuenta nuestra experiencia y la evidencia que se nos presenta. Los planes de largo plazo en ocasiones no toman en cuenta estos factores. En algunas situaciones se pierden clientes porque los productos o servicios que se ofrecen ya no se adaptan a las necesidades actuales, los clientes prefieren ir a otro lado ya que no se presta atención a sus preferencias, se apuesta por la experiencia (puede que no la hayamos evaluado) de 10 ó 20 años para tomar decisiones y no en lo que quieren los clientes en la actualidad.

En la pandemia de COVID-19, la mayoría de los negocios de atención al cliente se mantuvieron cerrados, cientos de miles de empleos se perdieron a nivel mundial, hubo escasez de productos y alimentos. Para las personas que hayan presenciado una guerra podrán familiarizarse con este escenario, sin embargo, el resto del planeta no había tenido esa experiencia. Muchas personas se adaptaron a la situación, cerraron sus negocios y comenzaron otro de acuerdo con la demanda de los clientes, tuvieron que actuar rápido tomando en cuenta su realidad (sus finanzas, cierre de negocio, etc.), a la evidencia (el cliente tenía otras necesidades) y a su experiencia. Tomar decisiones con base en evidencias es mucho mejor que basarse en supuestos, ya que estos últimos podrían estar errados, en especial si no se tiene experiencia en los temas que se desea resolver.

Luego que hayas tomado una decisión del camino a seguir, es importante definir los objetivos que se desean alcanzar. Si no estás acostumbrado a trabajar con objetivos, te comentaré un par de métodos que pueden ayudarte.

Modelo SCORE

Cuando te enfrentas a una situación a la cual no le encuentras solución, es común preocuparse, no se tiene idea de cómo comenzar, una de las causas es porque no se sabe cuáles son los objetivos que se desea obtener. El modelo SCORE es muy útil para determinar objetivos, fue creado por el psicólogo Robert Dilts, el nombre SCORE significa: Síntomas, Causa, Objetivo, Recurso y Efecto.

Veamos a continuación su significado y cómo podemos utilizarlo.

Síntomas

Define el problema que percibimos, normalmente vemos sus efectos, por ejemplo:
- No me alcanza el dinero para pagar las deudas.
- El cliente ya no compra nuestros productos.
- Tengo hipertensión, estrés, sobrepeso, etc.

Causa

Se busca la raíz de los problemas que se detectan en el punto anterior. Es común buscar una solución a un síntoma, es mucho mejor analizar las causas que lo originan. Un método sencillo es utilizar "los 5 ¿por qué?", esto nos ayudará a encontrar la raíz de lo que estemos tratando de resolver. Veamos un ejemplo:

Síntoma: No tengo dinero para pagar las deudas.

1. ¿Por qué no me alcanza el dinero para pagar las deudas?
R. Mis gastos son mayores a mis ingresos.

2. ¿Por qué mis gastos son mayores que mis ingresos?
R. Compro con la tarjeta de crédito y los pagos que hago a la tarjeta, la mayor parte corresponden a los intereses. No veo un fin para pagar mis deudas.

3. ¿Por qué compro con la tarjeta?
R. Son compras que no son necesarias, como ir a fiestas, comprar ropa y aparatos electrónicos de moda.

4. ¿Por qué compro artículos que no son necesarios?
R. Porque me gustan. Pienso que son gastos que no están planificados y la tarjeta me puede ayudar a obtenerlos y pagarlo a plazos.

5. ¿Por qué no planifico mis gastos?
R. No sé cómo administrar mis finanzas.

En este ejemplo, la causa de esta situación es que no sabe administrar correctamente las finanzas. Podemos deducir que, si no hay dinero para pagar las deudas, es obvio que no sabe administrarse, sin embargo, para muchas personas no es así. Algunas podrán justificar que simplemente sus ingresos son bajos, no pasa por su mente que no saben administrarse, se justifican indicando que son gastos extraordinarios por decir algo.

Objetivo

Se refiere al estado deseado o la meta que se desea alcanzar. Siguiendo el ejemplo del problema para pagar las deudas, se podría definir el siguiente objetivo: "Poder pagar mis deudas actuales y gastar según mis ingresos". El objetivo debe ser real, es posible que haya que definir un objetivo a largo plazo, sin embargo, es útil definir objetivos a corto plazo para ver resultados en poco tiempo y medirlos. Puedes preguntarte qué consigues al alcanzar este objetivo; es decir, qué te acerca y qué te aleja al alcanzarlo. En el ejemplo de las deudas, al alcanzar el objetivo de pagar las deudas, acercaría a una libertad financiera y alejaría estar endeudado todo el tiempo.

Recursos

Son los elementos que ayudan a alcanzar el objetivo, estos son internos o externos, por ejemplo:

- **Recursos internos**: Son las cualidades que poseemos y nos ayudarán en alcanzar nuestro objetivo, podríamos mencionar la disciplina, los valores, los conocimientos, etc.
- **Recursos externos**: Los cursos, las personas que apoyan en alcanzar los objetivos, el mercado, la sociedad, las oportunidades para obtener un nuevo empleo, etc.

En nuestro ejemplo del pago de las deudas podríamos intentar con un curso de finanzas personales, disciplina, manejo de inversiones, curso para eliminar malos hábitos, etc.

Efecto

Es el conjunto de resultados que se desean obtener como consecuencia de cumplir los objetivos, puedes preguntarte ¿qué beneficios obtendré si se cumple los objetivos? Con nuestro ejemplo, los efectos podrían ser:

- Eliminar el pago de intereses.
- Cambiar nuestros hábitos financieros.
- Comenzar en invertir en la bolsa.
- Utilizar la tarjeta de crédito para emergencias.

Ejemplo de modelo SCORE

Podemos utilizar las ventas de un restaurante, el ejemplo tiene un fin ilustrativo, en la realidad, puede tener otro enfoque o mayor detalle:

- **Síntomas**: Los clientes ya no llegan al restaurante.
- **Causa**: La pandemia está generando que los clientes ya no visiten el local y no se cuenta con un servicio a domicilio.
- **Objetivo:** Incrementar los clientes en esta situación particular. Se pueden captar nuevos clientes y evitar que se cierre el negocio.
- **Recursos**: Se cuenta con recursos financieros para subcontratar o realizar alianzas con un servicio de mensajería para impulsar un servicio a domicilio, también en la compra de accesorios que conlleva este servicio (bandejas, vasos desechables, etc.). El sitio web del restaurante está adaptado para recibir los mensajes de los pedidos a domicilio, además se cuenta con tres líneas telefónicas para atender a los clientes. El equipo del restaurante está capacitándose para este tipo de servicio. Se contratará publicidad en las redes para promocionar el servicio a domicilio.
- **Efecto**: Incremento en las ventas por servicio a domicilio, en especial a los clientes que residen en la zona del restaurante.

El modelo SCORE es una herramienta para aclarar los objetivos, es más sencillo tener claro el fin que se desea alcanzar para dedicarse a ello.

Si al inicio, no hay claridad en los recursos que se necesitará, una opción es utilizar esta herramienta varias veces para ir mejorando el análisis. Esto ayudará a tener mayor claridad y precisión sobre lo que se necesita y cuáles son los resultados esperados.

Método SMART

Es un método muy popular para definir objetivos y que estos puedan ser medibles. Este método se utiliza mucho en las empresas y en actividades personales ya que es sencillo de utilizar, se emplea en actividades operativas, ventas, ahorro de tiempo en procesos, etc. Puedes pensar que planear es una pérdida de tiempo, es mejor ir a la acción y corregir en el camino, el problema aquí es saber si tienes claro tus objetivos, si no es así, estarás trabajando mucho y sin rumbo. Es factible obtener resultados positivos sin un plan, sin embargo, si no sabes a dónde vas, esos resultados que estás obteniendo ¿te están acercando a tu objetivo?

El nombre de este método está en inglés, cada letra tiene un significado:

S - Específico
Contesta la pregunta: ¿qué es lo que se desea alcanzar? La respuesta debe ser específica y sin dar margen a otras interpretaciones. De esta manera, se enfocan los esfuerzos y agrega valor en alcanzar un objetivo específico.

M - Medible
Se define el logro de manera cuantitativa, no ayuda mucho colocar una medición ambigua. Por ejemplo, "mejorar las ventas", podría ser más útil indicar el incremento de ventas por mes. Al medir, se mejora lo que se hace, se concluye si se está alcanzando el objetivo o no. Al obtener datos cuantitativos, se podrá conocer qué factores están afectando el rendimiento de lo que se está realizando, por ejemplo, la cantidad de visitas al cliente, cantidad de ventas canceladas, cantidad de nuevos clientes, etc.

A - Alcanzable
Los objetivos definidos deben ser alcanzados en un plazo razonable de acuerdo con el negocio o actividad, si estos parecen ser inalcanzables, es muy probable que se abandonen porque se sabe que no se lograrán.

R - Realista
Se tiene que analizar si el objetivo es viable, tomar en cuenta al equipo que se tiene, los recursos, realizar un análisis FODA para conocer la situación actual; con ello, se analiza el tiempo posible para realizarlo y hacer los cambios necesarios para poder cumplir los objetivos definidos. Algunas personas definen objetivos que no pueden lograr, el problema de ello es que no saben si con el esfuerzo que realizaron pudieron haber mejorado aún más.

T - En tiempo
Se define cuándo se inicia y cuándo se podría terminar. Es común creer que se tiene todo el tiempo para hacer las actividades, sin embargo, no siempre es así. Es viable utilizar agendas ya sea en la computadora o en los servicios de correos electrónicos (que cuenten con calendario) para avisar cuándo inicia una actividad.

Ejemplo de Modelo SMART
Deseamos incrementar las ventas del producto estrella a través de Internet, el ejemplo tiene un fin ilustrativo, en la realidad puede tener otro enfoque o mayor detalle:

- **Específico**: Impulsar las ventas del producto a nivel nacional a través de las redes sociales.
- **Medible**: Aumentar en un 30% las ventas en el país, es decir, 1.000 artículos adicionales.
- **Alcanzable**: Con acciones de Mail, marketing, actividades en las redes sociales y promociones.

- **Realista**: Aumentar las ventas aprovechando que las personas ocupan mucho tiempo las redes sociales, agregar más contactos a nuestra lista de afiliados.
- **En tiempo**: Alcanzarlo en los meses de septiembre a diciembre.

Si piensas que debes moverte con mayor velocidad y no sabes qué hacer para ir al mismo ritmo, en el siguiente capítulo trataremos un tema que te ayudará a adaptarte a las situaciones que te enfrentas.

Capítulo 9
Adaptarnos para sobrevivir

> Lo que nos permite sobrevivir como especie no es la inteligencia ni la fuerza, sino nuestra capacidad de adaptación.
>
> Natalia Gómez de Pozuelo

Si quieres adaptarte a las necesidades que tienes y ver resultados en un corto plazo, es viable considerar las metodologías ágiles que son utilizadas por muchas empresas para mejorar sus negocios. Estas se aplican en muchas actividades que planeas realizar. Los conceptos de este capítulo son sencillos y viables para aplicarse en muchas áreas, y es usual utilizarlos cuando:

• No estás seguro de lo que tienes que hacer, hay mucha incertidumbre del resultado final.

• Los costos son elevados, ya no puedes darte el lujo de esperar mucho tiempo para conocer si tu idea funcionó.

• El trabajo de equipo no es el mejor, es preciso mejorar en el menor tiempo posible.

• Se tiene problemas con la calidad del producto o servicio.

• Necesitas moverte de acuerdo al entorno que te encuentras. No es una opción esperar que alguien cuente su experiencia, necesitas ser uno de los primeros en hacerlo.

(Utilizaremos el término "interesado" al referirnos a una persona que recibe algo de nosotros, como un producto o un servicio, o que será afectada por nuestras acciones.

Practica tus ideas ahora

Es natural que haya dudas al implementar una idea. Una opción para saber si esta funciona es probándola. Cuando hay una situación crítica, no hay tiempo de madurar una idea, para muchos, es una cuestión de sobrevivencia. Estas personas tuvieron que probar sus ideas y averiguar si funcionaban en poco tiempo, sino, probaban con otra; tomaban decisiones con las evidencias que se presentaban, en este caso, lo que el interesado requería en ese momento. En las empresas, las ideas pasan por comités y esto puede durar meses en la toma de una decisión. Algo parecido sucede a nivel personal, surge la duda en hacer realidad una idea porque es incierto si funcionará o no.

No esperes a entregar el producto o servicio final

Para saber si la idea (a través de un producto o servicio) es viable, tienes que mostrarlo a los interesados antes de que esté finalizado. Puedes interactuar varias veces con el interesado para conocer su opinión sobre tu trabajo, en cada interacción se incrementa el valor a tu producto o servicio. No se espera que esté finalizado ni que se vea presentable, sino que el interesado lo pueda usar, saber qué opina, si se puede mejorar. A este concepto se le denomina: "producto mínimo viable", ya que es lo mínimo que se entrega al interesado para que lo pueda usar y así obtenga la mayor información posible para concluir si la idea funciona. El término lo popularizó el emprendedor Eric Ries en su libro "The Lean Startup".

Prioriza las actividades que realizarás

De acuerdo con el "producto mínimo viable" que has decidido, las actividades deben ir orientadas a cumplir este propósito. Si hay tareas que no ayudan a cumplir con este objetivo, se consideran como un despilfarro y no se realizan. Esto lo podemos ver en negocios que comienzan a operar sin que el establecimiento esté finalizado, atienden al cliente en una sección (es posible que no tenga acabados) y, por otro lado, están los trabajadores finalizando otras secciones del local, por lo que la empresa o persona que solicitó este servicio de remodelación está viendo el resultado de su inversión.

Obtener retroalimentación hará la diferencia

Es posible que no te guste recibir comentarios de lo que haces, sin embargo, será crucial la opinión de los interesados que son afectados por tus actividades, estas podrían marcar el éxito o fracaso de tu actividad. Es algo común que cuando existe un problema las personas se acercan y dicen todo lo que vieron mal y uno se cuestiona ¿por qué no lo dijeron antes?

La retroalimentación te ayudará a rectificar el rumbo en cada momento, te dará mejores probabilidades de tener éxito al obtener opiniones sobre el producto final. Si le pides a un carpintero un mueble para tu cocina, le dices las medidas y una idea vaga de lo que deseas, te entregará un mueble con el diseño que según él entendió en su momento, puede que no te guste y ya no lo contrates otra vez. En cambio, si el carpintero te muestra el avance periódicamente, es posible que cambies de opinión en cada momento porque vas ajustando el diseño, lo más seguro es que haya un cambio en el costo y tiempo de entrega, sin embargo, estarás más satisfecho del mueble que recibas.

Lo mismo ocurre con los equipos de trabajo, negocios o la actividad que estás realizando, recibir la retroalimentación te moverá a ejecutar cambios para mejorar. Si tienes un negocio, puedes conocer las inquietudes del cliente, qué les gusta, cuál es la tendencia en ese momento, qué les molesta de tu servicio, etc.

Haz que tu equipo participe en reuniones cortas

Hace tiempo, estaba viendo una serie policial, en cada caso, el equipo de policía realizaba reuniones cortas para hablar de los obstáculos que se enfrentaban, todos participaban y tenían una conclusión del siguiente paso a seguir. En este ejemplo, este equipo maximizaba el tiempo para reunirse, no dedicaban tiempo a los protocolos ni a la jerarquía de los participantes, su objetivo principal era aportar valor, incentivar la libertad de expresión. Si crees que la participación de la gente es para corporaciones o empresas de alto rendimiento, te invito a que lo experimentes, te darás una sorpresa de lo que puede hacer tu equipo a mediano plazo hasta que tomen el ritmo que se necesite.

Estos conceptos son estratégicos para adaptarte a las situaciones actuales, por lo que es recomendable que no te detengas con ellos. Podemos profundizarlos un poco más y llevarlos a la práctica en el siguiente capítulo.

Capítulo 10
Utiliza la mejora continua para probar tus ideas

Hazlo lo mejor que puedas hasta que sepas más. Cuando sepas más, hazlo mejor.
Maya Angelou

El ciclo de Deming es un método que se utiliza para mejorar en cada iteración que estés realizando para implementar tu idea como un producto mínimo viable.

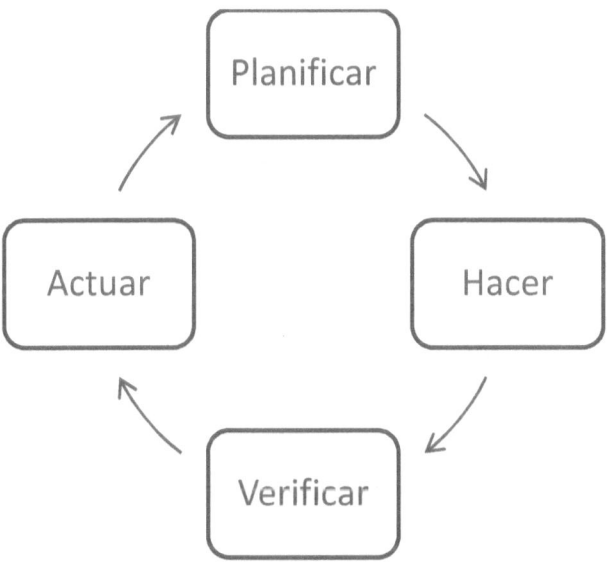

Permite tener mejoras en las actividades que realizas para alcanzar los objetivos, propiciando la mejora en factores como costos, tiempo, calidad, mejorar la competitividad, entre otros.

Veamos cada uno de estos puntos y cómo se utilizan:

Planificar
En este punto es elemental que establezcas las actividades a realizar. El plan debe contestar las siguientes preguntas:

- **¿Qué es lo que quiero hacer?** Defines el producto mínimo viable para entregar.
- **¿Cómo lo haré?** Qué actividades se toman en cuenta para entregar este producto mínimo viable; es el momento en que priorizas las actividades que te ayudarán alcanzar el objetivo que has definido.
- **¿Qué necesito para hacerlo?** Determinas los recursos que debes usar para entregar el producto mínimo viable, cúando los necesitarán, si hay que comprar insumos, etc.
- **¿Cuál es el resultado deseado?** Identificas los requisitos que debe cumplir tu producto mínimo viable para poder entregarlo al cliente.
- **¿Quiénes me ayudarán a realizarlo?** Identificas quienes te ayudará a alcanzar el objetivo. También identificas a las personas que sean un obstáculo para alcanzar lo que deseas. Es mucho mejor si las personas que te apoyarán a trabajar en tu idea conocen estos conceptos y lo que esperas obtener de ellos.
- **¿Qué riesgos puedo tener a corto plazo?** Identifica qué situaciones impiden alcanzar los objetivos (el cambio del mercado, cambio de precios, no conseguir los recursos a tiempo, etc.). Luego de identificarlos, analizas qué hacer si el riesgo es real y tangible.
- **¿Cuándo finalizará esta iteración?** Define cuándo terminarán las actividades para entregarlas al interesado, lo ideal es que duren días o semanas para que entregues y obtengas una retroalimentación de estos para mejorar.

La realización del plan no debe ser compleja, entre más sencilla mejor, cumplirá su objetivo si es fácil de entender y de ejecutar. Si prefieres usar una plantilla para armar un plan, puedes hacerlo también, lo más importante es que ayude a cumplir con el objetivo que has definido. Es mejor que planifiques lo que necesites en ese momento, si planificas lo que harás en 15 meses (por ejemplo), lo más seguro es que no sea realista y hayas desaprovechado tu tiempo.

El plan podría contestar más interrogantes, como los pasos para conocer la opinión de los interesados, cómo aprendemos de la iteración anterior, etc. Conforme vayas trabajando en tu plan y lo ejecutes, tendrás más claridad sobre lo que necesitas tomar en cuenta y lo agregarás, todo esto dependiendo de la idea que desees implementar.

Hacer

Comienzas a trabajar en desarrollar el producto mínimo viable, ejecutas lo que has planificado, verificas la calidad antes que se entregue al interesado, resuelves los problemas que no habías contemplado, te adaptas a tu situación y no esperas entregar la versión final para hacer cambios.

Verificar

En esta etapa ejecutarás varias actividades:

- **Obtienes retroalimentación del interesado**. Conoce su opinión sobre el producto mínimo viable, si tiene fallas, si se acopla a sus necesidades, si desea aportar para mejorar el producto.
- **Conoce las necesidades del mercado o entorno**. Es una oportunidad que el interesado ayude con sus comentarios sobre el producto mínimo viable; sin embargo, también es factible obtener información de sus necesidades actuales, sus oportunidades y amenazas. Esto se puede ver como una ventaja para agregarle valor a sus actividades.
- **Obtener información de los procesos**. Recopila información de las actividades realizadas para entregar el producto mínimo viable, los recursos, si se cumplió con los tiempos establecidos, las mejoras a tomar en cuenta, etc.

La información que obtienes es utilizada para tomar decisiones en la siguiente fase.

Actuar

Analiza los datos que obtuviste en la fase anterior, la retroalimentación del interesado y demás. Esta información ayudará a tomar decisiones de lo que se hará en la siguiente iteración, como mejorar los procesos, dar una conclusión si la idea sigue siendo viable o necesita cambiar de rumbo, etc.

¿Cuantas iteraciones serán necesarias?

No hay un número máximo, esto dependerá de los objetivos. No olvides que la meta de estas es probar la viabilidad de la idea, si no es viable, podrías abandonar esa idea y pruebas con otra. En otros casos, tendrás que cambiar de rumbo con tu idea, verás que hay otras oportunidades que no has tomado en cuenta. También se da el caso que la idea funcione, por lo que ya no haces más iteraciones; sin embargo, al cabo de un tiempo, tendrás que volver a hacer estas actividades para adaptarte a la situación que vives en ese momento.

Puedes tener infinidad de productos mínimos viables, cada uno tiene un ciclo "planear-hacer-verificar-actuar". Realizar las actividades para el primer producto viable será lo que más cueste iniciar, ya que debes pensar en lo que necesitas hacer desde cero. Es como si quisieras empujar un auto que no arranca, hacer que comience a moverse tomará esfuerzo al inicio, ya al moverse realizarás menos esfuerzo para que se mantenga en movimiento. Lo mismo ocurre con el primer producto viable, las demás iteraciones tomarán las experiencias y los datos de la iteración anterior para mejorar y aprovechar la información existente. Aunque en cada una de ellas tengas diferentes actividades a la anterior, tomarás de base esta información para las siguientes, no comenzarás desde cero.

Es posible que pienses que son muchos conceptos; no obstante, si lo ves con detenimiento, son sencillos de aplicar; algunas personas lo adoptan como un hábito en su vida cuando enfrentan un problema que no tienen una certeza de cómo se resolverá al final. El concepto básico es *adaptación en poco tiempo*, partiendo de ahí, los demás conceptos tendrán sentido. Si hay más personas que están apoyándote, es esencial que estén alineados a esta nueva forma de trabajar, podrán avanzar mucho mejor porque saben a dónde ir.

En el siguiente capítulo veremos un ejemplo práctico de este modelo, sigue leyendo y podrás tener más claro cómo aplicarlo.

Capítulo 11
Veamos un ejemplo de cómo poner a prueba nuestra idea

Inteligencia es el poder de aceptar el entorno.
William Faulkner

Hay muchos ejemplos de compañías que utilizan metodologías ágiles, como Apple, Facebook, etc. Sin embargo, puedes pensar que este tipo de soluciones se aplican solamente a empresas, por lo que haremos un ejemplo de una tienda de artículos decorativos para todas las edades. Esta tienda se encuentra en un centro comercial que tiene una gran afluencia de visitantes, la tienda está generando ganancias cada mes, pero se ha detectado que los clientes están disminuyendo, son muy pocos los jóvenes que entran a la tienda, por lo que los dueños entienden que deben trazar una estrategia para atraer a este tipo de clientes. Se estima que en promedio entran a la tienda 300 personas al mes, con edad menor a los 40 años.

Primera iteración:
Planificación:

- ¿Qué es lo que quiero hacer? Determinar si los artículos que se tienen en la tienda son atractivos al cliente y si hay otro proceso a mejorar (o implementar) en el negocio para que los clientes regresen.

- ¿Cómo lo haré? Los artículos orientados a jóvenes (PMV) serán promocionados en los anuncios del centro comercial. Será aprovechada la alta afluencia de visitantes debido a las fiestas que comienzan en esta semana. Habrá una encuesta para conocer la opinión de los clientes.

- ¿Qué necesito para hacerlo? Disponibilidad de artículos y recursos para hacer la encuesta al cliente.
- ¿Cuál es el resultado deseado? Se busca incrementar las ventas y conocer la opinión de los clientes.
- ¿Cuándo finalizará esta actividad? Durará dos semanas ya que los primeros días se trabajará en los diseños de la encuesta y la gestión de los anuncios.

Hacer
Escoger los artículos a promocionar y gestionar con el centro comercial en dónde serán colocados los anuncios, se trabaja en la encuesta y se comunican los objetivos al equipo de la tienda. Surgen dificultades con el equipo (personal de la tienda) ya que no son personas jóvenes y no saben mucho de los artículos orientados a ese segmento. El plan es ejecutado, las personas comienzan a llegar a la tienda, llenan las encuestas al salir de la tienda, los clientes son clasificados por edades.

Verificar
Hubo un incremento en las ventas, y aunque no fue tan significativo en relación a las personas que ingresaron a la tienda, el registro indica que ingresaron 1000 personas jóvenes (en estas dos semanas), de las cuales, solamente compraron 50 de ellas (5% de los visitantes jóvenes que visitaron la tienda). Cerca de 150 personas llenaron la encuesta y en ella comentaron:
- El equipo de la tienda no conocía los artículos que vendía.
- Les gustaría ver artículos (decorativos) de moda.
- Vieron la promoción en el centro comercial.
- Consultaron si hay una página en Internet de la tienda.

Los gastos adicionales fueron por lo anuncios en el centro comercial.

Actuar: Concluyen que:
- Se debe contar con una persona joven que se identifique con los artículos que tiene la tienda y se conecte con las personas. Este sería el primer paso para ejecutar de manera inmediata.
- Negociar con el proveedor para actualizar los artículos y buscar una empresa que diseñe la página web de la tienda.

Estos puntos pueden tardar en realizarse porque es algo nuevo para el dueño del negocio.

Segunda iteración:
Planificación:
- ¿Qué es lo que quiero hacer? Incorporar al equipo de la tienda una persona joven para atender a los clientes menores de 40 años. Iniciar el cambio de artículos de la tienda y comenzar a buscar una empresa para desarrollar la página web.
- ¿Cómo lo haré? Volver a promocionar los artículos (orientados a jóvenes) en los anuncios del centro comercial.

Se inicia a hablar con el proveedor actual si cuenta con artículos de moda o se comienza a buscar a otro proveedor. En paralelo, se buscan cuatro opciones para contratar a una empresa que pueda construir el sitio web de la tienda. Cuando el sitio web esté listo, se promocionarán los artículos existentes con el objetivo de disminuir el inventario y dar espacio a los nuevos artículos que se adquieran.
- ¿Quiénes pueden apoyarme? Contratar a una persona joven que pueda atender los productos juveniles.
- ¿Cuándo finalizará esta actividad? Aproximadamente en 1 mes, ya que la contratación de una persona joven requiere tiempo y es necesario capacitarla.

Hacer

Se contrató a una persona joven por dos meses (es sobrino de una colaboradora de la tienda), lo capacitaron y le explicaron cuál es el objetivo de las actividades que debe hacer, además de ofrecer los productos de la tienda estará registrando los comentarios de los clientes. Se elaboró una publicidad con los artículos que era preciso disminuir en el inventario.

Verificar:

Hubo un aumento considerable de ventas en artículos para jóvenes, se detectó que ingresaron 700 personas jóvenes, de los cuales, solamente 100 compraron. Muchas personas mayores compraron artículos para jóvenes, esto fue un nuevo descubrimiento. Cincuenta personas llenaron la encuesta y en ella comentaron lo siguiente:

- Sugirieron mejorar la atención al cliente.
- Algunos comentaron (se supone que fueron personas mayores de 50 años) que no compraban artículos juveniles porque en la tienda no había una persona que los ayudara a escoger un regalo para sus hijos o nietos.
- Les gustaría ver artículos (decorativos) de moda.
- Vieron la promoción en el centro comercial.
- Consultaron si hay una página de la tienda en Internet ya que sería bueno que se pudiera comprar en línea.

Pudieron conseguir cotizaciones de cuatro proveedores para la elaboración del sitio web y se consiguió a dos proveedores para comprar artículos de moda. Los gastos se incrementaron por la contratación de esta persona, sin embargo, el aumento de ventas por los nuevos clientes es prometedor. Es muy pronto para tener conclusiones.

Actuar
- Contratar un servicio para el diseño de la página web de la tienda.
- Decidir cuál será el proveedor que distribuirá los artículos para jóvenes.
- Mejorar la capacitación del personal.

Tercera iteración:
Planificación
- ¿Qué es lo que quiero hacer? Capacitar al equipo de la tienda y evaluar si ha mejorado el servicio al cliente (PMV).
- ¿Cómo lo haré? Volver a promocionar los artículos (orientados a jóvenes) en los anuncios del centro comercial.

Seleccionar al proveedor que surtirá los productos juveniles. Contratar a la empresa para realizar la página web. Seguido de eso, se pueden promocionar los artículos existentes con el objetivo de disminuir el inventario y dar espacio a los nuevos artículos que se adquieran. Modificar la encuesta tomando en cuenta lo que se ha aprendido anteriormente.

- ¿Quiénes me ayudarán a realizarlo? Capacitar a todos los colaboradores para la atención al cliente.
- ¿Cuándo finalizará esta actividad? La tercera iteración durará dos semanas.

Hacer

Se capacitó a los colaboradores y en el proceso notaron algunas debilidades dentro del servicio al cliente, se toma nota de ello para analizarlo y mejorarlo posteriormente. El nuevo proveedor estará comenzando a llevar mercadería en la última semana de esta iteración. La empresa que ayudará a realizar el sitio web necesita las fotos de los artículos, por lo que se estima que llevará tres semanas en contar con la información que solicitan para colocarla en la página de la tienda. Esta empresa puede ayudar temporalmente a promocionar la tienda en las redes sociales mientras trabajan en el diseño del sitio web.

Verificar

El registro detectó la entrada de 800 personas jóvenes, de los cuales, 140 compraron. Sesenta personas llenaron la encuesta y en ella comentaron lo siguiente:

- El 30% de los encuestados visitan con frecuencia la tienda.
- El servicio al cliente está en un nivel intermedio.
- Les gustaría ver artículos (decorativos) de moda. Puede ser que en ese momento no hubieran estado disponibles los nuevos artículos.
- Vieron la promoción en el centro comercial (40%), en las redes sociales (5%) o desconocían de las promociones (55%).
- Consultaron si hay una página en Internet de la tienda para comprar en línea y contar con un servicio a domicilio.

Los gastos subieron por la contratación de la empresa que desarrollará el sitio web. La nueva mercadería fue compensada por la liquidación de artículos que se tenía en existencia.

Actuar:

Los puntos a revisar son:

- ¿Por qué la atención al cliente no está en un nivel superior? Esto debe incluir la revisión de los procesos en la tienda.
- A pesar de que la promoción en las redes sociales estuvo pocos días durante esta iteración, es alentadora y el costo es menor a las promociones que se pagan en el centro comercial.
- Resulta evidente la falta de conocimiento del equipo de la tienda para construir y publicar estos anuncios en las redes sociales, se analizará que se puede hacer para mejorar esta situación.

- Es necesario mejorar las preguntas de la encuesta, ya que está generando información valiosa que no se había tomado en cuenta en las iteraciones anteriores.
- En la siguiente iteración se estará poniendo más foco en los artículos de moda. Si en las encuestas sigue apareciendo que solicitan más artículos, se debe reevaluar la estrategia para determinar qué productos están solicitando o qué está faltando para llegar a este segmento.
- Se estará acelerando la actividad de documentar la información de los productos para el sitio web.
- Mantener el registro de los gastos adicionales y los nuevos ingresos. El balance es negativo, sin embargo, está en dirección a disminuir las pérdidas si se sigue así.

Conclusiones de las iteraciones

Es posible seguir generando las iteraciones que se necesiten, el objetivo de este ejercicio es mostrar cómo podría trasladarse este proceso a un negocio (o problema) activo o estancado. Para este ejemplo, en la primera iteración se inició con un producto existente, se quiso probar la idea que era simplemente promocionar este articulo para atraer público más joven, no se invirtió en remodelar el local u otra actividad, esto sería más adelante (si aplicara). Surgió la conclusión de que faltaba personal joven que ayudara a impulsar estos productos.

En la segunda iteración se contaba con esta persona para agregar valor al producto original, el resultado fue positivo en parte ya que los clientes siguieron comentando una mejora en la atención al cliente.

En la tercera iteración fueron incluidos productos nuevos y valor al objetivo deseado (atraer clientes jóvenes), sin embargo, se mantenía el problema del servicio, debía mejorar. En cada iteración se iba mejorando poco a poco, ya en la tercera iteración se estaba teniendo una idea del inconveniente a resolver.

Hay muchos caminos para resolverlo, dependerá el que deseas tomar; algunos probarán ideas más atrevidas. Un beneficio de este proceso es que obtienes resultados en corto plazo, puedes hacer ajustes o dejar esta idea y usar otra que tengas.

Cuando trabajamos en solucionar una dificultad, pasan muchas cosas en nosotros, como la influencia que tenemos con las personas. Este es un tema que no quisiera dejar pasar, no solo estamos creciendo, sino también impactamos positivamente en los demás. En el siguiente capítulo te comentaré esa influencia y cómo nos ayuda a obtener mejores resultados cuando estamos solucionando una crisis.

Capítulo 12
Enfrentar un reto te hace mejorar como líder

El hombre se descubre cuando se mide contra un obstáculo.
Antoine de Saint Exupéry

Enfrentar una situación que es nueva para ti puede representar un reto ya sea porque no sabes cómo resolverlo, surge el estrés o demás factores te golpean. El primer paso es decidir si haces algo o no, si has llegado hasta este capítulo significa que eres de las personas que deciden hacer algo; me alegro porque hayas tomado esa decisión. Déjame decirte que es un camino que tiene muchos altibajos, sin embargo, vale la pena, pues creces cada vez que te caes y las personas que están a tu alrededor te verán como un ejemplo a seguir, aunque no lo digan.

El hacer cosas diferentes creas impactos no solo en tu persona, sino también a las personas que colaboran contigo, por lo que quisiera comentarte algunos temas que podrías tomar en cuenta y que harán la diferencia. Las personas que están a tu alrededor lo notarán y puede que te sigan, te verán como su líder.

Si crees que no eres un líder, déjame decirte que sí lo eres. La prueba de ello es que quieres liderarte a ti mismo, en especial si quieres cambiar el curso de la etapa que vives ahora, ¡liderarse a uno mismo es el reto más difícil que tenemos!

Mejora tu liderazgo

Hace unos años estuve en una charla sobre liderazgo y describieron las características de un líder, una persona levantó la mano para pedir la palabra y le consultaba al expositor por qué no estaba entre estas características que el líder pueda resolver problemas, el expositor comentó que todos, aun sin ser líderes, resolvemos dificultades, afirmación con la que estuve de acuerdo en ese momento. Esta premisa ha sido un tema que me ha hecho reflexionar en más de una ocasión, me preguntaba: ¿qué pasa si un líder no da resultados? ¿Qué pasa con su liderazgo? ¿La gente lo sigue aun sabiendo que no resuelve? Cuando pude contestar estas preguntas, pude concluir que sí era importante que un líder pudiera resolver problemas porque las personas esperan que lo haga, ¡es la causa por la que muchas personas buscan a un líder! Cuando resuelves, las personas te comienzan a seguir, esto lo debemos tener presente y podemos aprovecharlo para:

Mejorar la relación con las personas

Ayuda a las personas a resolver sus dificultades, origina una oportunidad de crear conexión y agregar valor a las personas, tu liderazgo aumentará. En la pandemia de COVID-19 hubo muchos negocios que sobresalieron porque apoyaron a sus empleados y a sus clientes, readecuaron sus operaciones para mantener la seguridad de sus instalaciones, comenzaron a trabajar remotamente con el objetivo de disminuir el contagio de sus colaboradores. Hubo empresas que responsablemente cerraron algunas de sus tiendas (aunque no hubiera alguna disposición del gobierno), sacrificando sus ingresos porque no podían brindar una seguridad mínima a sus clientes. Estas disposiciones hacen que los empleados y clientes se sientan identificados con las "buenas" empresas, las valoren mejor y creen lealtad hacia ellas.

Mejorar tu productividad

El resolver y optimizar tus recursos te generará utilidades. Al enfrentar un obstáculo con tu equipo, no solo te conocerán por cómo lo resuelves, sino también conocerán al equipo que tienes. Puede que algunos integrantes del equipo no puedan resolverlos o sean creadores de estos, por lo que es necesario trabajar en ellos y con ellos para mejorar los resultados. Las personas te seguirán porque das resultados, esta es una opción para incrementar tu influencia sobre las mismas.

Tu carácter se mostrará

Cuando tienes un reto, demostrarás de qué estás hecho, Les Brown comentó sobre el carácter: *"Nuestra capacidad para manejar los desafíos de la vida es una medida de nuestra fuerza de carácter"*, muchas personas creen que solamente estando en dificultades se mostrará su carácter, por lo que esperan hasta ese momento para saber si son capaces o no. Las decisiones que tomas en tu vida le dan forma a tu carácter, la moldeas continuamente y será más claro tomar decisiones en una situación difícil. Puedes preguntarte si mejoras cuando estás en una crisis, la respuesta dependerá de ti ya que tú tomarás la decisión de aceptar un cambio que te impulse a cambiar de rumbo y adaptarte.

Las personas ven nuestro carácter de diferentes maneras:

Confianza

La confianza es como el dinero que tienes en el bolsillo, si ganas confianza tienen más monedas, si la pierdes, menos dinero tendrás y con el tiempo te quedarás sin dinero, por lo que las personas ya no creerán en ti y se irán. Cuando diriges un equipo, si no hay confianza, el rendimiento de tus compañeros disminuye, dudarán en las decisiones que tomes.

Recuerdo hace años, en un proyecto, el director nos cuestionaba cada paso que realizábamos (sin alguna base), esto minaba nuestra confianza hacia esta persona ya que no sabíamos el rumbo que iba a tomar el proyecto. A la primera oportunidad que tuvimos, buscamos trabajar con otro programa.

Acción
La persona de acción se ve proactiva, con decisión, energía. Las personas se sienten atraídas por un líder que toma decisiones y que va hacia la acción; sentirán que podrán obtener beneficios al llegar al objetivo, ya que les gusta ganar. Cuando dudas y no haces algún movimiento, las personas que te siguen comienzan a inquietarse y puede que sigan a otro líder.

Honestidad.
Es una virtud que se relaciona en decir la verdad, es una cualidad que se mueve de acuerdo a tus valores, una característica de liderazgo que sobresale. Las personas que te siguen esperan que seas honesto con ellas.

Podemos cambiar la visión
Definir la visión y reevaluarla es un proceso que debe realizarse continuamente, velar que se esté cumpliendo lo que se ha planeado. Si la visión todavía está vigente es parte de nuestro trabajo, esto origina que la condición personal cambie y eso redefina la visión, un cambio de empleo, la edad, una pérdida personal, una crisis, etc., pudiendo desencadenar que los planes definidos anteriormente ya no tengan sentido y sea necesario redefinir la visión para este nuevo cambio en tu vida. La revisión puede realizarse de muchas maneras como autoevaluar revisando varios factores, por ejemplo:

- La estrategia es la adecuada para alcanzar la visión.
- Tomas en cuenta lo que has aprendido de tus fracasos para mejorar en el siguiente intento.

- Si no aprendes de tus fracasos y sigues haciendo lo mismo es posible que creas que tu visión no se alcance y las personas que están contigo piensen en dejarte e irse con otro líder que tenga otra visión que sí pueda alcanzar.

Las relaciones marcan la diferencia

Relacionarte con personas que te ayudan a incrementar la probabilidad de alcanzar los objetivos hace que reevalúes tu visión. Tú eres el promedio de las cinco personas con que te relacionas, si tienes influencia de personas que te hacen crecer en tu vida personal te ayudará a ver las cosas de diferente manera y ampliar tu visión a nuevos horizontes, en especial si estás en una dificultad. Verás que, al momento de alcanzar tus objetivos, se puedan tener otras oportunidades que no habías imaginado y consideras tomarlos en cuenta en tu estrategia para alcanzar tu visión. Busca a estas personas que te harán crecer, no esperes que lleguen a ti.

Sirve a los demás

El liderazgo de servicio básicamente es agregar valor a las personas que tienes alrededor, no solamente a quienes dirigimos, sino que pueden ser compañeros de oficina, vecinos, etc.

Este tipo de liderazgo significa servir a los demás y no enfocarse en ti, es probable que lo hayas estado haciendo (sin saberlo) y esto generaba que tu influencia fuera mayor en algunas personas, por lo que no tenías claro qué factores lo provocaban. Ahora que ya sabes, podrás mejorar tus habilidades de liderazgo, en especial si hay una crisis. Descubrirás muchas oportunidades para hacerlo, las personas estarán más accesibles para que puedas ayudarlos. Este tipo de liderazgo tiene muchos beneficios, algunos son:

Mejora el rendimiento

Al ayudar a los demás a conseguir lo que necesitan, es muy probable que te ayuden a lograr lo que necesitas. Las personas notarán que te interesas por ellos y eso los motivará a trabajar mejor, se sentirán valorados por ti; mejora el sentido de pertenencia en el caso que seamos parte de un equipo.

El liderazgo no se basa en la posición

Dirigir por posición no es la mejor manera, las personas harán las cosas por lo que su puesto pida en su horario de trabajo, después de eso, tu influencia puede ser nula. En cambio, cuando trabajas un liderazgo por servicio, las personas ya no solo te ven por un cargo, sino por lo que haces por ellos. No verán su horario para apoyarte, lo harán porque quieren hacerlo.

Adaptarse a nuevas generaciones

Actualmente hay nuevas generaciones y estas son muy diferentes a tu generación, son más exigentes, esperan más de ti. No solo tienen como expectativa el salario o solidez de una empresa, sino que esperan un mejor liderazgo, mayor capacitación o mentoría, por lo que el liderazgo de servicio te ayudará mucho. Al demostrar un interés genuino por los demás y creyendo en ellos, su desempeño mejorará, su potencial crecerá, sus aportes son mayores en las actividades que realizan; al conectarte con ello, sabrás cómo ven las cosas desde su perspectiva y mejorará tu liderazgo.

Cómo trabajar el liderazgo de servicio

Hay varias actividades para trabajar tu liderazgo de servicio, entre ellas están:

- Prioriza a los demás. Sirve a los demás, piensa en ellos antes que en tu beneficio. Este punto es clave para seguir adelante en el liderazgo de servicio.
- Averigua qué necesitan los demás para crecer. En ocasiones se opta por desarrollar en varios temas sin tomar en cuenta sus necesidades, es mejor averiguar qué inquietudes tienen para que el efecto de tu liderazgo sea mayor. Puede que la persona tenga que desarrollar ciertas habilidades y no sea consciente, por lo que desarrollarlos generará un gran impacto en ellas.
- Sé un mentor, esta opción será para algunas personas ya que es posible que no tengas el tiempo suficiente para realizarlo con todas las personas que te rodean. Es una buena opción seleccionar a los líderes y que estos puedan desarrollar a otros, una estrategia que beneficia a la mayoría.
- Desarrolla a las personas en áreas que eres fuerte ya que no requerirá mucho esfuerzo de tu parte y ellos pueden beneficiarse mucho mejor.

Cuando enfrentas una crisis no solamente habrá cambios en ti, sino que crea nuevas oportunidades en tu desarrollo personal, aumenta la influencia en otras personas y podrás ver tu situación desde otra perspectiva.

¿Qué sigue ahora?

Te felicito por haber llegado hasta el final del libro, demuestra que tienes un interés en buscar alternativas para solucionar los retos a los que te enfrentas. Los puntos indicados en este libro son un inicio de cómo abordar las situaciones que se presentan. Al aplicarlos, podrás adaptarlos a tus necesidades y podrás descubrir otras maneras de abordar las dificultades, lo importante es que estés en la disposición de ver cada situación con una perspectiva diferente. Puede que hayas descubierto que tienes que trabajar en ciertas áreas para sobrellevar una crisis, te invito a que sigas trabajando en cómo desarrollarte ya que te hará mejorar y tendrás mayores oportunidades al solucionar las adversidades en menos tiempo. Hay muchos otros caminos para desarrollarte, a través de un coach, un mentor, etc.

Recuerda, al desarrollarte tienes más probabilidades de superar una dificultad y verlo como una oportunidad. En lugar de estar pensando: ¿Cuándo saldré de este problema? Puedes preguntarte: ¿Hasta dónde llegaré?

Bibliografía

Alexander, S. (1980). *El Rinoceronte*. Editorial Zip.

Ayuso, M. (4 de 9 de 2014). *Ganaras en bienestar*. Obtenido de Los 10 pensamientos negativos más comunes y cómo debes neutralizarlos: https://www.elconfidencial.com/alma-corazon-vida/2014-09-04/los-10-pensamientos-negativos-mas-comunes-y-como-debes-neutralizarlos_174635/

Brecht, B. (5 de Octubre de 2017). *Think Big / Empresas*. Obtenido de Diez frases reveladoras sobre la crisis: https://empresas.blogthinkbig.com/estas-en-crisis-diez-frases-reveladoras/

Camus, A. (s.f.). *Proverbia: Frases y citas célebres*. Obtenido de Frases sobre la fortaleza: https://proverbia.net/frases-de-fortaleza

Crisis. (20 de junio de 2020). *Crisis*. Obtenido de https://es.wikipedia.org/wiki/Crisis

Ejercicio. (1 de Diciembre de 2019). *Actividad y ejercicio*. Obtenido de Beneficios de hacer ejercicio: https://www.bupasalud.com/salud/beneficios-ejercicio

Emocion. (10 de Junio de 2020). *Wikipedia*. Obtenido de Emocion: https://es.wikipedia.org/wiki/Emoci%C3%B3n

Estado de Animo. (26 de Junio de 2020). *Wikipedia*. Obtenido de Estado de ánimo: https://es.wikipedia.org/wiki/Estado_de_%C3%A1nimo#:~:text=El%20estado%20de%20%C3%A1nimo%20es,el%20resto%20del%20mundo%20ps%C3%ADquico.

Ferreyra, L. (20 de junio de 2020). *Ámbito*. Obtenido de Oportunidades de negocios que surgen con la pandemia:

https://www.ambito.com/negocios/negocios/oportunidades-que-surgen-la-pandemia-n5113157

frasesypensamientos. (s.f.). *frasesypensamientos*. Obtenido de Frases de realidad: https://www.frasesypensamientos.com.ar/frases-de-realidad.html

García-Allen, J. (s.f.). *Los 10 beneficios psicológicos de practicar ejercicio físico*. Obtenido de Los beneficios de practicar deporte para mejorar la calidad de vida y la salud en general.: https://psicologiaymente.com/deporte/beneficios-psicologicos-practicar-ejercicio

Gasca, P. (21 de Febrero de 2017). *FRASES PARA EMPRENDEDORES*. Obtenido de 14 frases para inspirar a tu creativo interno: https://www.entrepreneur.com/article/267400

Gutiérrez, L. (s.f.). *Question PRO*. Obtenido de Que son los objetivos SMART: https://www.questionpro.com/blog/es/que-son-los-objetivos-smart/

Martín, A. R. (s.f.). *Liefeder.com*. Obtenido de Las 100 Mejores Frases de Carácter: https://www.lifeder.com/frases-de-caracter/

Martín, A. R. (s.f.). *Lifeder.com*. Obtenido de 30 Frases de Ser Diferente, Único y Original [con Imágenes]: https://www.lifeder.com/frases-de-ser-diferente/

Martín, A. R. (s.f.). *Lifeder.com*. Obtenido de 100 Frases de Fortaleza para Inspirarte: https://www.lifeder.com/frases-fortaleza/

Martín, A. R. (s.f.). *Lifeder.com*. Obtenido de Las 100 Mejores Frases de Fracaso : https://www.lifeder.com/frases-de-fracaso/

Maxwell, J. C. (2009). *Vive tu sueño*. Nashville, Tennessee: Grupo Nelson.

Maxwell, J. C. (2015). *A veces se gana, a veces se aprende.* V&R Editores.

mba y Educación Ejecutiva. (3 de abril de 2020). Obtenido de Estas son las nuevas oportunidades de negocio a raíz de la pandemia: https://mba.americaeconomia.com/articulos/notas/estas-son-las-nuevas-oportunidades-de-negocio-raiz-de-la-pandemia

Overeem, B. (8 de Diciembre de 2015). *Scrum.ORG*. Obtenido de So What is Agile Really About? : https://www.scrum.org/resources/blog/so-what-agile-really-about

Paz, J. (2020). Forjando Nuestro Destino. En J. Paz, *Forjando Nuestro Destino* (pág. 120). Guatemala.

Ries, E. (2011). *The Lean Startup.* Currency.

Sarmiento, I. (s.f.). *Las 65 mejores frases de experiencia*. Obtenido de La vida es el mejor lugar en el que aprender, tal y como muestran estas reflexiones.: https://psicologiaymente.com/reflexiones/frases-experiencia

Swindoll, C. (s.f.). *32 frases inspiradoras de grandes líderes y luchadores para motivarte*. Obtenido de Las citas de personajes famosos pueden ayudarte a encontrar el impulso dentro de ti cuando más lo necesitas. ¡Conoce las que tenemos para tl!: https://www.entrepreneur.com/article/268712

Tracy, B. (1 de Mayo de 2018). *La vida es crecimiento ¡Comprométete y cambia!* Obtenido de El éxito es algo continuo. Es crecimiento y desarrollo. Significa lograr algo y usarlo como peldaño para obtener más.: https://medium.com/@gussmartin/la-vida-es-crecimiento-comprom%C3%A9tete-y-cambia-2daa1930ea4f

Wikipedia. (17 de Junio de 2020). *Ciclo_de_Deming*. Obtenido de https://es.wikipedia.org/wiki/Ciclo_de_Deming

Wikipedia. (5 de Marzo de 2020). *Principio de Pareto*. Obtenido de Wikipedia: https://es.wikipedia.org/wiki/Principio_de_Pareto

Tus comentarios son importantes

Espero que mi experiencia te haya servido para iniciar tu aventura para transformar la incertidumbre en oportunidades. Si deseas contactarme para compartirme tus experiencias o tienes alguna inquietud sobre un tema del libro, envíame un mail a: Consultas@JorgePazCoach.com.

Si te ha gustado este libro y lo has encontrado útil para alcanzar tus objetivos, te agradecería si dejas tus comentarios en la tienda en la que lo has comprado; puedes buscar la sección de "Opinión de los clientes" e indicar qué es lo que más te ha gustado. El leer tu opinión me ayudará a mejorar este libro.

Regalo para los lectores

Si todavía no has iniciado a trabajar en tu crecimiento personal, accede a un bono el cual te ayudará a iniciar en esta aventura, puedes hacerlo en:

http://www.jorgepazcoach.com/regaloparalectorest/

Transforma la incertidumbre en oportunidades

Síguenos

Sígueme en las redes sociales, ¡estaré creando nuevos libros y artículos relacionados a este tema!

 https://www.facebook.com/leonel.echeverria.50

 https://www.linkedin.com/in/jorgepazcoach/

Web: www.JorgePazCoach.com

Acerca del Autor

Jorge Paz nació en la ciudad de Guatemala, es consultor, entrenador y conferencista, le apasiona escribir artículos de crecimiento personal y profesional. Su intención es ayudar a las personas a mejorar sus habilidades a través de su página www.JorgePazCoach.com.

Ingeniero en sistemas, Scrum Máster y Project Manager Professional, con más de 10 años apoyando a equipos en alcanzar sus objetivos a través de coaching.
Puedes contactarnos por mail: Consultas@JorgePazCoach.com.

Otros libros del autor

Atrévete a comenzar el viaje de tu vida: 7 preguntas para iniciar tu desarrollo personal. Encontraras respuestas a preguntas que te detienen para iniciar la aventura de tu vida.

Puedes encontrarlo en Amazon o Smashwords

Forjando nuestro destino: Un camino para iniciar nuestro desarrollo personal. Te ayudará a materializar tus objetivos de crecimiento a nivel personal y profesional, te da herramientas para seguir mejorando y no abandonar en el intento.

Puedes adquirirlo en Amazon

Alcanza el éxito a través de las relaciones: Descubre cómo conectar con las personas y alcanzar tus objetivos. Aprende algunas prácticas de como ver las relaciones desde otras perspectivas y cómo hacer que las personas se interesen en ti.

Puedes adquirirlo en Amazon o Smashwords.

www.ingramcontent.com/pod-product-compliance
Lightning Source LLC
Chambersburg PA
CBHW020441220526
45464CB00002B/796